T0163932

*La philosophie est une réflexion pour qui toute matière étrangère est bonne, et nous dirions volontiers pour qui toute bonne matière doit être étrangère.*

Georges Canguilhem

la chair des images :
Merleau-Ponty entre peinture et cinéma

MAURO CARBONE

# la chair des images :
# Merleau-Ponty entre peinture et cinéma

VRIN
Matière Étrangère

Directeurs de collection :
Bruce Bégout et Étienne Bimbenet

© Librairie Philosophique J. VRIN, 2011

ISSN 1961-8336

ISBN 978-2-7116-2382-2

*www.vrin.fr*

# *la chair et la pensée du visuel aujourd'hui*

Chacun sait aujourd'hui fort bien que la notion de « chair »
est au centre de la réflexion du dernier Merleau-Ponty.
En revanche, on tend souvent à oublier que « chair » est un
autre nom de l'« élément » qu'il appelle aussi « Visibilité »[1].
Ce dernier terme est à son tour un nom fort intéressant,
puisqu'il semble choisi de manière à ne renvoyer ni à un
sujet ni à un objet et à rassembler activité et passivité. Dans
les pages du *Visible et l'invisible* interrompues par sa mort
soudaine, Merleau-Ponty écrit en effet que l'élément de la
« Visibilité » n'appartient « en propre ni au corps comme fait
ni au monde comme fait », de sorte que, grâce à lui, « voyant
et visible se réciproquent et qu'on ne sait plus qui voit et
qui est vu »[2]. En outre, par « Visibilité » Merleau-Ponty ne
désigne pas seulement l'ensemble des visibles, mais il y inclut
également les lignes de force et les dimensions qu'ils suggèrent
en tant que leur propre horizon intérieur et extérieur. Enfin,
selon les enseignements qu'il a tirés de la linguistique
saussurienne, il conçoit les visibles de façon diacritique, c'est-
à-dire, plutôt que comme des choses ou des couleurs, comme

---

1. « C'est cette Visibilité, cette généralité du Sensible en soi, cet anonymat inné de
Moi-même que nous appelions chair tout à l'heure, et l'on sait qu'il n'y a pas de nom
en philosophie traditionnelle pour désigner cela » (M. Merleau-Ponty, *Le visible et
l'invisible* (1964), texte établi par C. Lefort, Paris, Tel-Gallimard, 1993, p. 183).
2. *Ibid.*

« différence entre des choses et des couleurs, cristallisation momentanée de l'être coloré ou de la visibilité »[1]. Cette dernière apparaît donc comme un tissu de différenciations, où le visible est toujours entretissé d'un invisible qui est indirectement montré par le visible lui-même.

Sur la base de ces caractérisations, l'élément de la « Visibilité » apparaît donc comme un défi aux catégories sur lesquelles la tradition philosophique occidentale se fonde et comme l'annonce de l'ouverture d'une nouvelle perspective ontologique. L'être de la Visibilité se caractérise en fait en tant qu'*être d'horizon* : « un nouveau type d'être, un être de porosité, de prégnance ou de généralité, et celui devant qui s'ouvre l'horizon y est pris, englobé »[2]. C'est précisément à ce nouveau type d'être, et à l'expérience d'englobement nous permettant de l'entrevoir, que renvoie « le sens second et plus profond du narcissisme »[3] discerné par le dernier Merleau-Ponty : une sorte de *désir de se voir* de la part de l'être visible lui-même, qui partant s'enveloppe autour de ces étants visibles particuliers qui sont aussi des voyants. Dans ce sens, Merleau-Ponty peut même affirmer que c'est « un rapport à lui-même du visible qui me traverse et me constitue en voyant »[4] : une thèse qui montre par ailleurs comment il pensait notre corporéité *à partir de l'expérience de la chair du monde* – l'expérience de la « Visibilité » – non moins que cette dernière à partir de la première.

---

1. M. Merleau-Ponty, *Le visible et l'invisible*, p. 175.
2. *Ibid.*, p. 195.
3. Cf. *ibid.*, p. 183, où ce sens est expliqué de la manière suivante : « non pas voir dans le dehors, comme les autres le voient, le contour d'un corps qu'on habite, mais surtout être vu par lui, exister en lui, émigrer en lui ».
4. *Ibid.*, p. 185.

Pour toutes ces raisons, et pour d'autres encore, le présent ouvrage est sous-tendu par la double conviction que caractériser la notion merleau-pontienne de « chair » par celle de « Visibilité », d'un coté nous permet d'éviter la plupart des malentendus liés à l'interprétation de la première et, de l'autre, a permis à Merleau-Ponty lui-même d'élaborer des notions ontologiques extrêmement innovatrices, qui peuvent nous aider à penser philosophiquement quelques-uns des phénomènes culturels les plus prégnants d'aujourd'hui.

Parmi ces phénomènes culturels, notre *nouveau rapport aux images* est emblématique. On sait bien, en effet, que le développement continu des technologies optiques et médiatiques ne cesse d'ouvrir nos existences à des formes inédites de visualisation et d'expérience visuelle, en donnant aux images une centralité nouvelle, non seulement au niveau pratique et professionnel, mais aussi au niveau théorique. C'est sur cette base qu'à partir des années quatre-vingt-dix du siècle dernier on a commencé à évoquer, dans notre culture, un « tournant iconique » (*iconic* ou *pictorial turn*, ou encore *ikonische Wende*) imposant une analyse renouvelée du statut contemporain des images.

En effet, les mutations à l'œuvre dans le statut des images semblent évoquer, et en même temps invoquer, une forme de renversement du « platonisme » qui — en développant les prémisses affirmées par la philosophie de Nietzsche [1] et explorées par l'art moderne — sache élaborer une pensée à la hauteur de notre époque, où une version *simplifiée* de la philosophie de Platon reste pourtant la manière dominante de penser.

---

1. *Cf.* G. Deleuze, « Platon et le simulacre » (1967), dans *Logique du sens*, Paris, Minuit, 1969, p. 292-307.

C'est au platonisme ainsi entendu que Merleau-Ponty fait allusion dans un passage de *L'œil et l'esprit*, son dernier essai sur la philosophie de la peinture, où il écrit :

> Le mot d'image est mal famé parce qu'on a cru étourdiment qu'un dessin était un décalque, une copie, une seconde chose [1].

Il est bien certain que la plupart des penseurs contemporains n'aurait aucune difficulté à partager une telle affirmation. Toutefois, l'image est encore souvent censée trouver son caractère le plus propre dans le fait de « *présentifier l'absent comme tel* » [2], ce qui la reconduit constitutivement à l'expérience, réelle ou symbolique, de la mort. Or, si l'image n'est pas « une seconde chose », si elle *ne copie pas* un modèle (mais plutôt *le crée*), elle se révèle en fait bien davantage liée à l'expérience de la naissance que de la mort, et elle dénonce par là le platonisme sous-jacent l'opinion qui l'associe trop volontiers à celle-ci.

Plus généralement, si l'image n'est pas « une seconde chose », alors elle ne peut plus être qualifiée, tout simplement, de *figure de renvoi*, comme j'essaierai de le montrer dans certains passages du présent ouvrage, parce que la nature de ce renvoi se complique et sa structure se multiplie et s'enchevêtre d'une manière telle que « la première chose » vers laquelle ce renvoi est censé faire signe – l'absent qu'il est censé présentifier – s'avère introuvable.

Le pendant d'un tel statut de l'image est celui du voir, selon la définition que Merleau-Ponty en donne dans la « Préface » de *Signes*, contemporaine des écrits mentionnés jusqu'ici :

---

1. M. Merleau-Ponty, *L'œil et l'esprit* (1961), Paris, Gallimard, 1993, p. 23.
2. Pour une discussion autour de ce caractère à partir de positions qui sont proches de celles que je propose ici, *cf.* P. Rodrigo, *L'intentionnalité créatrice. Problèmes de phénoménologie et d'esthétique*, Paris, Vrin, 2009, p. 153-164, ici p. 157.

> voir, c'est par principe voir plus qu'on ne voit, c'est accéder à un
> être de latence. L'invisible est le relief et la profondeur du visi-
> ble, et pas plus que lui le visible ne comporte de positivité pure[1].

En effet, si l'image n'est pas « une seconde chose », c'est
précisément parce que « voir, c'est par principe *voir plus* »
que la présentification de l'absent comme tel. Comme je
le rappellerai dans les pages qui suivront, Merleau-Ponty
en arrive à nommer « voyance » ce « voir plus », en expliquant que cette « voyance » « nous rend présent ce qui est
absent »[2]. Mais attention : précisément parce que la voyance
consiste à « voir plus qu'on ne voit » — à nous faire voir l'invisible comme « le relief et la profondeur du visible » — elle
« nous rend présent ce qui est absent », non pas en se bornant
à *présentifier* celui-ci, mais en *en créant* une *présence* particulière qui, en tant que telle, *n'avait jamais été présente
auparavant*[3]. C'est de cette manière qu'il faut comprendre,
à mon avis, ce que Merleau-Ponty appelle aussi « quasi-
présence »[4] : non pas comme une présence affaiblie, mais
comme la « prégnance de l'invisible dans le visible »[5], comme
une « latence » efficace et insistante — enfin, comme la « *chair
de l'imaginaire* »[6]. Or, tout cela a lieu parce que le « voir plus
qu'on ne voit » est un voir « *selon ou avec* » ce qu'on voit,

1. M. Merleau-Ponty, *Signes* (1960), Paris, Gallimard, 1993, p. 29.
2. M. Merleau-Ponty, *L'œil et l'esprit*, p. 41.
3. Henri Maldiney parlerait d'une « *présence* originaire et sous un mode d'être
inobjectif » (H. Maldiney, « Le dévoilement de la dimension esthétique dans la
phénoménologie d'Erwin Straus » (1966), dans *Regard Parole Espace*, Lausanne, L'Âge
d'Homme, 1994, p. 134).
4. M. Merleau-Ponty, *L'œil et l'esprit*, p. 23.
5. M. Merleau-Ponty, *Notes des cours au Collège de France 1958-1959 et 1960-1961*,
« Préface » de C. Lefort, texte établi par S. Ménasé, Paris, Gallimard, 1996, p. 173.
6. *Ibid.* (*je souligne*).

pour reprendre une autre formule de *L'œil et l'esprit* sur laquelle j'aurai l'occasion de m'arrêter :

> je ne [...] regarde pas [le tableau] comme on regarde une chose, je ne le fixe pas en son lieu, [...] je vois selon ou avec le tableau plutôt que je ne le vois[1].

Il est clair que le voir que Merleau-Ponty essaie de caractériser par cette formule n'est plus conçu selon le modèle *représentatif* de la fenêtre qui était devenu dominant dans la culture occidentale à partir de la Renaissance[2]. Je crois que la caractérisation qu'il cherche à en fournir s'approche plutôt d'un autre modèle, qui questionne d'une manière fondamentale notre expérience contemporaine des images : *le modèle de l'écran*. Celui de la fenêtre nous faisait croire pouvoir *fixer* le visible « en son lieu », tandis que, manifestement, l'écran nous *fait voir* « selon ou avec » lui. D'où l'intérêt que Merleau-Ponty n'a jamais cessé de porter au cinéma, malgré ce qu'on pouvait croire à ce sujet il y a quelques années encore : un intérêt sur lequel je vais donc insister dans le présent ouvrage, en ayant recours à des matériaux jusqu'ici peu explorés ou même inédits. Bien entendu, dans *L'œil et l'esprit* Merleau-Ponty réfère sa formule aux tableaux, mais *c'est une conception générale de la vision qu'il envisage par là* : précisément une conception qui soit à la hauteur de notre époque et qu'on peut donc généraliser, pour affirmer qu'usuellement il nous arrive de voir

1. M. Merleau-Ponty, *L'œil et l'esprit*, p. 23. À propos de cette formule *cf.* non seulement le texte de Rodrigo cité *supra*, p. 10, note 2, mais aussi celui de J. Garelli, « Voir ceci et voir selon », dans M. Richir et E. Tassin (éd.), *Merleau-Ponty : phénoménologie et expériences*, Grenoble, Millon, 1992, p. 79-99.
2. *Cf.* G. Boehm, « Die Wiederkehr der Bilder », *in* G. Boehm (Hrsg.), *Was ist ein Bild ?*, Munich, Fink, 1994, p. 11-38.

« selon ou avec » les images qui peuplent notre perception ainsi que notre imaginaire :

> ce rouge n'est ce qu'il est qu'en se reliant de sa place à d'autres rouges autour de lui, avec lesquels il fait constellation, ou à d'autres couleurs qu'il domine ou qui le dominent, qu'il attire ou qui l'attirent, qu'il repousse ou qui le repoussent. Bref, c'est un certain nœud dans la trame du simultané et du successif. C'est une concrétion de la visibilité […]. Un certain rouge, c'est aussi un fossile ramené du fond des mondes imaginaires[1].

Ainsi donc, le « voir plus qu'on ne voit », compris précisément comme un voir « selon ou avec » ce qu'on voit, se révèle être sous-tendu par la latence efficace et insistante d'une dimension que le dernier Merleau-Ponty qualifie volontiers de « mythique », avec ses dynamiques spatio-temporelles tout à fait particulières et ses implications ontologiques inexplorées. Bref, c'est en ce sens que l'élément qu'il appelait « Visibilité » peut aussi recevoir l'autre nom de « chair » :

> Entre les couleurs et les visibles prétendus, on retrouverait le tissu qui les double, les soutient, les nourrit, et qui, lui, n'est pas chose, mais possibilité, latence et *chair* des choses[2].

C'est donc vers une telle conception générale de la vision – chaque époque a la sienne – et par là vers une tentative d'exprimer les « rapports de l'homme et de l'Être »[3] à l'œuvre dans la nôtre, que la caractérisation de la « Visibilité » en tant que « chair » fait signe, en nous révélant un point de *vue* dont l'exploration, la compréhension et la formulation ne sont pas, évidemment, l'affaire d'un individu :

---

1. M. Merleau-Ponty, *Le visible et l'invisible*, p. 174-175.
2. *Ibid.*, p. 175.
3. M. Merleau-Ponty, *L'œil et l'esprit*, p. 63.

> Telles sont les conséquences extravagantes où l'on est conduit quand on prend au sérieux, quand on interroge, la vision. [...] Nous n'avons certes pas fini de les ruminer. Il ne s'agissait dans cette première esquisse que de faire entrevoir ce domaine étrange auquel l'interrogation proprement dite donne accès...[1]

Ce sont précisément les « conséquences extravagantes » indiquées par Merleau-Ponty que – me semble-t-il – le « tournant iconique » mentionné plus haut veut, à son tour, explorer, comprendre et formuler autant que possible, en s'opposant en même temps aux tentatives faites pour réduire ces conséquences à « une logique propositionnelle de type langagier »[2]. C'est pourquoi ce « tournant iconique » n'a pu que reconnaître celui que le dernier Merleau-Ponty lui-même avait dû prendre pour arriver jusqu'à ces conséquences, et n'a pu que se reconnaître dans ses motifs[3]. Par ailleurs, ce n'est qu'en prolongeant le parcours de ces « conséquences extravagantes » qu'on peut arriver jusqu'à se demander, comme le fait W.J.T. Mitchell, « Que veulent *réellement* les images ? »[4]. En effet, ce n'est qu'à partir du « sens second et plus profond du narcissisme » que j'ai évoqué plus haut – le narcissisme de l'être visible – que Mitchell peut en venir à écrire que les

1. M. Merleau-Ponty, *Le visible et l'invisible*, p. 184-185.
2. G. Boehm, « Ce qui se montre. De la différence iconique », dans E. Alloa (éd.), *Penser l'image*, Dijon, Les presses du réel, 2010, p. 34. Le même auteur écrit un peu plus bas : « Aussi longtemps que l'on restera convaincu [...] que ce qui se montre peut tout aussi bien se dire, les images resteront sans force » (*ibid.*, p. 30).
3. C'est Gottfried Boehm qui parle d'un « tournant iconique » de Merleau-Ponty (*cf.* G. Boehm (Hrsg.), *Was ist ein Bild ?*, *op. cit.*, p. 21, après avoir expliqué que « Merleau-Ponty devait donc réviser aussi les fondements phénoménologiques de sa pensée [...], s'il voulait avoir une compréhension adéquate de l'œil et de l'image » (*ibid.*, p. 19).
4. *Cf.* W.J.T. Mitchell, « Que veulent *réellement* les images ? » (1996), trad. fr. de M. Boidy, S. Roth, dans E. Alloa (éd.), *Penser l'image*, *op. cit.*, p. 211-247.

images « ne présentent pas qu'une surface, mais aussi une *face* à laquelle se confronte le regardeur »[1]. Ici comme là on trouve la même référence à une « inversion » du regard qui révèle notre appartenance au visible ainsi que la parenté entre le visible et les voyants. Par ailleurs, on ne pourrait penser cette référence *inverse*[2] qu'en pensant la rencontre en tant que dimension où les rôles ne sont pas déjà établis une fois pour toutes *avant* la rencontre elle-même. C'est dans une relation ainsi comprise que – comme Merleau-Ponty l'explique à propos du peintre – « entre lui et le visible, les rôles inévitablement s'inversent »[3]. C'est donc dans une telle relation – ajouterons-nous – que les images peuvent s'animer de leurs désirs. On revient par là au voir « selon ou avec » les images, mais peut-être en appréciant mieux les implications ontologiques de cette formule. Et si « ce champ complexe de réciprocité visuelle n'est pas simplement un effet secondaire de la réalité sociale, mais en est activement constitutif »[4], à plus forte raison il doit questionner notre tradition philosophique, qui a toujours pensé par distinctions et par oppositions plutôt que par réciprocités.

Par ailleurs, c'est encore dans les termes de ce questionnement radical entre la philosophie et le statut des images aujourd'hui qu'à mon avis il faut relire ce que Georges Didi-Huberman – l'un des partisans de ce type de questionnement – a écrit à

1. *Ibid.*, p. 213.

2. À ce sujet, *cf.* E. Escoubas, « La question de l'œuvre d'art : Merleau-Ponty et Heidegger », dans M.. Richir, E. Tassin (éd.), *Merleau-Ponty : phénoménologie et expériences, op. cit.*, p. 123-138.

3. M. Merleau-Ponty, *L'œil et l'esprit*, p. 31.

4. W.J.T. Mitchell, « Que veulent *réellement* les images ? », dans E. Alloa (éd.), *Penser l'image, op. cit.*, p. 239.

propos des interprétations esthétiques courantes de la notion d'aura chez Benjamin :

> On l'a compris : ce qui manque aux positions esthétiques usuelles pour aborder le problème de l'aura, c'est un modèle temporel capable de rendre compte de l'« origine » au sens benjaminien ou de la « survivance » au sens warburgien. Bref, un modèle capable de rendre compte des événements de la mémoire, et non des faits culturels de l'histoire [1].

Il y a chez le dernier Merleau-Ponty – juste esquissée – la thèse, sur laquelle je vais m'arrêter dans les pages qui suivront, d'une *précession réciproque de la vision et du visible*. Cette thèse paradoxale – qui prend au sérieux « les conséquences extravagantes » de l'interrogation de la vision – constitue, à mon sens, une contribution décisive à l'élaboration du « modèle temporel » évoqué par Didi-Huberman. C'est pourquoi elle pourra nous conduire à une compréhension plus approfondie de la question de la *présence* des images aujourd'hui ; de cette question dont on peut bien affirmer, en effet, ce que Merleau-Ponty lui-même a soutenu de la peinture dans *L'œil et l'esprit*, à savoir qu'elle « brouille toutes nos catégories » [2], et avec elles l'identité même de la philosophie.

C'est, dans toute son envergure, le défi que Merleau-Ponty avait relevé, c'est le défi que nous ne pouvons pas ne pas relever à notre tour.

---

1. G. Didi-Huberman, *Devant le temps. Histoire de l'art et anachronisme des images*, Paris, Minuit, 2000, p. 239.
2. « Essence et existence, imaginaire et réel, visible et invisible, la peinture brouille toutes nos catégories en déployant son univers onirique d'essences charnelles, de ressemblances efficaces, de significations muettes » (M. Merleau-Ponty, *L'œil et l'esprit*, p. 35).

## remerciements

Le présent livre est l'« envers » de mon précédent ouvrage *Proust et les idées sensibles* – le premier présentait quelques éléments d'une conception nouvelle des idées, celui-ci vise à contribuer à une réflexion sur le statut actuel des images entendues, précisément, comme côté sensible des idées. Je tiens donc à remercier tout d'abord Bruce Bégout et Étienne Bimbenet pour avoir accueilli aussi ce volume dans la collection « Matière Étrangère ». Une première version de certains de ses chapitres a été destinée à la publication dans des ouvrages collectifs ; je voudrais donc exprimer ma gratitude aux traducteurs de ces versions et aux éditeurs de ces ouvrages, ainsi qu'à d'autres collègues et amis qui ont tous joué un rôle important dans le développement de ce travail : Emmanuel Alloa, Ronald Bonan, Guillaume Carron, Jean-Claude Gens, Adnen Jdey, Stefan Kristensen, Riccardo Pineri, Andrea Pinotti, Claudio Rozzoni, Emmanuel de Saint Aubert, Jean-Jacques Wunenburger. Mais ma plus grande reconnaissance va à Pierre Rodrigo, ami, interlocuteur, complice : sans son aide constante et affectueuse, ce livre n'aurait tout simplement pas pu voir le jour.

# chapitre premier
## *la chair : petite histoire d'un malentendu*

## Merleau-Ponty : la Nature comme chair

La notion de « chair » apparaît tout à la fois comme très ancienne et comme récente dans l'histoire de la pensée occidentale. Le xxᵉ siècle en a fait un éminent usage pour dire la possibilité de communication entre notre corps et la Nature, en soustrayant l'un comme l'autre à l'objectivité à laquelle le cartésianisme avait prétendu les réduire. Plus précisément on peut dire qu'au xxᵉ siècle la notion de « chair » s'efforce éminemment de nommer la possibilité de communication entre le corps envisagé de manière husserlienne en tant que *Leib* – unité vécue de perception et de mouvement[1] – et la Nature envisagée elle aussi – explique Merleau-Ponty en faisant écho à Husserl lui-même – comme « un objet énigmatique, un objet qui n'est pas tout à fait un objet » puisque « elle n'est pas tout à fait devant nous. Elle est notre sol, non pas ce qui est devant, mais ce qui nous porte »[2]. Ce qui dans les termes, efficaces et concis, de la dernière des notes de travail éditées à la suite du manuscrit inachevé du *Visible et l'invisible*, se dit ainsi : « la Nature comme l'autre côté de l'homme (comme chair – nullement comme "matière") »[3].

---

1. *Cf.* par exemple le § 28 de E. Husserl, *La crise des sciences européennes et la phéno-ménologie transcendantale* (1954), trad. fr. de G. Granel, Paris, Gallimard, 1976.
2. M. Merleau-Ponty, *La Nature. Notes. Cours du Collège de France*, établi et annoté par D. Séglard, Paris, Seuil, 1995, p. 20.
3. M. Merleau-Ponty, *Le visible et l'invisible*, p. 328.

C'est justement Merleau-Ponty, on le sait, qui, au XXᵉ siècle, a le premier revendiqué explicitement la valeur philosophique de la notion de « chair », en l'utilisant pour indiquer un type d'être qui – explique-t-il – « n'a de nom dans aucune philosophie »[1], en tant qu'il n'est ni matière ni esprit ni substance[2], mais plutôt *le tissu commun dans lequel chaque corps et chaque chose ne se donnent qu'en tant que différence par rapport à d'autres corps et à d'autres choses*. Pour lui la notion de « chair » désigne, somme toute, l'horizon commun d'appartenance de tous les étants. En ce sens elle peut apparaître comme plus ancienne encore que son acception spécifiquement chrétienne. En effet Merleau-Ponty a recours pour la définir au terme d'« élément »[3] au sens présocratique, ainsi qu'à l'expression ὁμοῦ ἦν πάντα[4], présocratique elle aussi puisque Aristote l'attribue à Anaxagore, qui signifie littéralement « tout était ensemble ». Cependant, Merleau-Ponty – de manière significative – ne réfère pas cette expression à l'*origine*, mais bien à un « originaire » dont il prévient qu'il « n'est pas tout derrière nous »[5], mais en perpétuel éclatement[6]. Il suffit en

---

1. M. Merleau-Ponty, *Le visible et l'invisible*, p. 193.
2. Cf. *ibid.*, p. 184, 191 et 193.
3. *Ibid.*, p. 184 et 193.
4. *Ibid.*, p. 270 ainsi que M. Merleau-Ponty, « Le philosophe et son ombre » (1959), dans *Signes*, p. 226, et *Notes des cours au Collège de France 1958-1959 et 1960-1961*, p. 85.
5. M. Merleau-Ponty, *Le visible et l'invisible*, p. 165. On pourrait interpréter de manière semblable la question de l'« origine [*Ursprung*] » au sens benjaminien évoqué par Didi-Huberman un peu plus haut. À ce sujet voir en particulier W. Benjamin, *Origine du drame baroque allemand* (1928), trad. fr. de S. Muller, A. Hirt, Paris, Flammarion, 1985.
6. *Cf.* M. Merleau-Ponty, *Le visible et l'invisible*, p. 165, mais, davantage encore, ce passage tiré d'une note de travail du même texte : « il n'y a plus pour moi de question des *origines*, ni de limites, ni de séries d'événements allant vers cause première, mais *un seul éclatement d'Être qui est à jamais* » (*ibid.*, p. 318, *je souligne*).

effet de répéter l'expérience de la main touchée qui devient touchante décrite par Husserl dans le § 36 des *Ideen* II, suggère Merleau-Ponty, pour faire la rencontre du phénomène de la réversibilité – même s'il s'agit, remarquons-le, d'« une réversibilité toujours imminente et jamais réalisée en fait »[1] – qui réclame « une réhabilitation ontologique du sensible »[2] : en effet, en étant tout à la fois sentant et sensible, notre corps est *charnellement apparenté* au monde sensible, auquel il est donc nécessaire de reconnaître le même statut ontologique.

## Husserl, la Terre et la chair

Ce qui pousse Merleau-Ponty à reconnaître une des conséquences les plus déterminantes de cette réhabilitation est en particulier un manuscrit husserlien de 1934 qu'il avait pu lire – étant le premier chercheur étranger à l'entourage de Louvain – déjà en 1939 aux Archives-Husserl. Il s'agit du manuscrit habituellement désigné par le titre *Umsturz der kopernikanischen Lehre* et traduit en français par Didier Franck sous le titre *L'arche-originaire Terre ne se meut pas*[3].

Procédant à son commentaire en 1959-60 dans le résumé d'un des derniers cours achevés au Collège de France, Merleau-

---

1. *Ibid.*, p. 194.
2. *Cf.* M. Merleau-Ponty, *Signes*, p. 210.
3. E. Husserl, « L'arche-originaire Terre ne se meut pas » (1934), trad. fr. de D. Franck, *Philosophie*, n. 1, janvier 1984, p. 5-21. Sur l'histoire « externe » de la lecture de ce manuscrit par Merleau-Ponty, *cf.* H. L. Van Breda, « Maurice Merleau-Ponty et les Archives-Husserl à Louvain », *Revue de Métaphysique et de Morale*, n. 4, 1962, p. 419-436 ; sur l'influence qu'il exerça sur la pensée de Merleau-Ponty, *cf.* G. D. Neri, « Terra e Cielo in un manoscritto husserliano del 1934 », *aut aut*, n. 245, 1991, p. 40 *sq.*

Ponty écrit : « la méditation doit nous rapprendre un mode d'être dont il [*i.e.* l'homme copernicien] a perdu l'idée, l'être du "sol" (*Boden*), et d'abord celui de la Terre »[1] : c'est ce « mode d'être » que visait Merleau-Ponty en évoquant – précisément comme « notre sol » – la Nature telle que nous l'avons entendu la caractériser auparavant.

Grâce à ce mode d'être, souligne le commentaire de Merleau-Ponty, on apprendra que

> il y a parenté entre l'être de la terre et celui de mon corps (*Leib*), dont je ne peux dire exactement qu'il se meut puisqu'il est toujours à la même distance de moi, et la parenté s'étend aux autres, qui m'apparaissent comme « autres corps », aux animaux, que je comprends comme variantes de ma corporéité, et finalement aux corps terrestres eux-mêmes puisque je les fais entrer dans la société des vivants en disant par exemple qu'une pierre « vole »[2].

Sur ces bases Merleau-Ponty en vient à affirmer la *co-appartenance* du sentant et du sensible à une même « chair », qui entretisse notre corps, celui d'autrui et les choses du monde, les enveloppant dans un horizon d'« être brut » ou « sauvage » dans lequel sujet et objet ne sont pas encore constitués. À l'intérieur de cet horizon la perception s'accomplit dans l'indistinction du percevoir et de l'être-perçu ainsi que dans son entrelacs constant avec l'imaginaire, c'est-

1. M. Merleau-Ponty, *Résumés de cours. Collège de France 1952-1960*, Paris, Gallimard, 1968, p. 168-169.
2. *Ibid.*, p. 169. Avec l'exemple de la pierre Merleau-Ponty fait spécifiquement allusion à ce passage de Husserl : « Mais je peux jeter des pierres en l'air et les voir tomber en tant que les mêmes. Le jet peut être plus ou moins à ras de terre, les apparences sont manifestement si analogues aux mouvements sur le sol de la Terre qu'elles sont éprouvés comme mouvement » (E. Husserl, « L'arche-originaire Terre ne se meut pas », art. cit., p. 13).

à-dire avec notre capacité d'apercevoir la *présence* de l'absent, capacité dont se fait le témoin l'*ubiquité* de notre voir :

> Je suis à Saint Petersbourg dans mon lit : à Paris, mes yeux voient le soleil[1].

C'est justement cette « chair du sensible », à laquelle nous appartenons et dans laquelle, réciproquement, nous nous appartenons, qui rend *communicable* et participable chacune de nos expériences. Tout comme Husserl suggérait que la Terre, en tant que notre sol, ne peut être dite, à proprement parler, ni en repos ni en mouvement, mais en deçà de l'un et de l'autre comme condition de possibilité des deux[2], de même la chair se profile comme condition de possibilité de la communication de toute expérience : en deçà, donc, de la communication et de la non-communication effectives. En ce sens, la « chair du sensible » se prolonge en chair de l'histoire, du langage et même de l'idéalité. En effet, l'idéalité elle aussi se montre inséparable de son apparaître *charnel*, inséparable de la *chair des images du monde* qui l'ont fait surgir, puisqu'elle est constituée par elles en tant que leur excédant, et puisque donc elle se manifeste proprement *à travers* leur apparaître, tout comme – écrit Merleau-Ponty dans *L'œil et l'esprit* – « quand je vois à travers l'épaisseur de l'eau le carrelage au fond de la piscine, je ne le vois pas malgré l'eau, les reflets, je le vois justement à travers eux, par eux »[3]. C'est de cette façon qu'est

---

1. R. Delaunay cité dans M. Merleau-Ponty, *L'œil et l'esprit*, p. 83-84.
2. La Terre, note Husserl, « est l'arche qui rend d'abord possible le sens de tout mouvement et de tout repos comme mode d'un mouvement. Son repos n'est donc pas un mode du mouvement » (E. Husserl, « L'arche-originaire Terre ne se meut pas », art. cit., p. 20).
3. M. Merleau-Ponty, *L'œil et l'esprit*, p. 70.

relancée l'intention programmatique de la phénoménologie d'attirer l'attention sur l'*apparaître* et donc sur le *devenir*, afin de les réintégrer à l'*être*, suivant leur caractère paradoxal comme avait si bien su le faire Husserl dans son *L'arche-originaire Terre ne se meut pas*.

Merleau-Ponty accède ainsi à la notion de « chair » en pensant notre rapport au monde dans la direction indiquée par ce qu'il appelle l'« ombre » de la pensée husserlienne, c'est-à-dire « l'impensé » qu'elle projette autour d'elle. En même temps Merleau-Ponty tend toutefois à signaler que le danger de *ne faire que renverser* les rapports métaphysiques entre l'en deçà et l'au-delà se dissimule aussi dans l'idée de *stratification* de l'expérience – dont la vérité serait directement proportionnelle à la profondeur – affirmée par Husserl. Merleau-Ponty critique donc l'intention husserlienne de « "démêler" "débrouiller" ce qui est emmêlé », c'est-à-dire justement la chair, en soulignant de son côté que « le rapport entre des circularités (mon corps-le sensible) n'offre pas les difficultés qu'offre le rapport entre des "couches" ou ordres linéaires »[1]. C'est pour suivre ces circularités que, à mon avis, le dernier Merleau-Ponty pense la chair à partir du corps ainsi que le corps à partir de la chair, comme cela est manifeste surtout là où il caractérise cette dernière en tant que visibilité.

---

[1]. Merleau-Ponty poursuit dans cette note de travail : « L'idée du chiasme et de l'*Ineinander*, c'est au contraire l'idée que toute analyse qui *démêle* rend inintelligible – [...] Il s'agit de créer un nouveau type d'intelligibilité (intelligibilité par le monde et l'Être tels quels, – "verticale" et non *horizontale* » (M. Merleau-Ponty, *Le visible et l'invisible*, p. 321).

# Franck, Nancy, Derrida : le corps et la chair

Procédant dans la direction de pensée ouverte par Merleau-Ponty, Didier Franck, au cours des années quatre-vingt du siècle dernier, a proposé de généraliser la traduction de l'allemand *Leib* par le terme français « chair », se référant dans un premier temps à la phénoménologie de Husserl[1], puis en parvenant à relier « le problème de la chair et la fin de la métaphysique »[2].

Dans le premier texte que je viens d'évoquer, Franck s'emploie à penser, somme toute, la notion de *Leib* en termes de « chair » plutôt qu'au moyen de l'expression « corps propre », qui constitue dans le lexique phénoménologique, comme on le sait, la traduction traditionnellement utilisée de cette notion.

À la lumière de ces développements, il apparaît comme singulier que Jean-Luc Nancy, dans son livre intitulé *Corpus*, cite, en tant qu'exemple d'une « philosophie du "corps propre" »[3], exactement ce passage où Merleau-Ponty nous prévient que « ce que nous appelons chair [...] n'a de nom

---

1. *Cf.* D. Franck, *Chair et corps. Sur la phénoménologie de Husserl*, Paris, Minuit, 1981. Franck, qui est le traducteur français de l'*Umsturz der kopernikanischen Lehre*, écrit dans sa préface à ce texte : « Husserl prépare ici, et c'est peut-être le plus grand intérêt de ce fragment, une pensée de l'espace et de la chair soustraite à toute physique comme à toute géométrie » (D. Franck, note à E. Husserl, « L'arche-originaire Terre ne se meut pas », art. cit., p. 3). Il faut aussi signaler que Bernhard Waldenfels traduit à son tour le terme merleau-pontien *chair* par l'allemand *Leib* (B. Waldenfels, *Phänomenologie in Frankreich*, Frankfurt a. M., Suhrkamp, 1983, p. 200). Au même sujet, *cf.* aussi G. Boehm, « Der stumme Logos », *in* A. Métraux, B. Waldenfels (Hrsg.), *Leibhaftige Vernunft. Spuren von Merleau-Pontys Denken*, München, Wilhelm Fink, 1986, p. 289-304.
2. Tel est le titre du dernier chapitre du livre de D. Franck, *Heidegger et le problème de l'espace*, Paris, Minuit, 1986.
3. J.-L. Nancy, *Corpus*, Paris, Métailié, 2000, p. 66.

dans aucune philosophie » [1] : un passage dont la radicalité d'intention fait plutôt allusion à l'*insuffisance* d'une « philosophie du "corps propre" ». Du reste, le rapprochement singulier opéré par Nancy n'a pas échappé à Jacques Derrida dans le livre qui lui a consacré [2], où il déclare que, de cette façon, la phrase de Merleau-Ponty demeure, plutôt que citée effectivement, « en vérité tenue à distance » [3], même si aussitôt après il interprète le geste de Nancy en termes de « dénonciation » [4] implicite du contenu de la phrase en question.

Quoi qu'il en soit, à travers les réflexions de Nancy, de Derrida ainsi que, comme on va le voir, de Michel Henry, la notion de « chair » est revenue en force au centre du débat philosophique, excédant le milieu merleau-pontien, français et phénoménologique aussi.

Je voudrais ici interroger quelques aspects de ce débat et aller ainsi à la rencontre de certaines de ses implications politiques ainsi qu'esthétiques, afin de les expliciter et de les discuter. Du fait qu'elles n'apparaîtront qu'ensuite il ne faudrait cependant pas déduire qu'on est en train de partager la traditionnelle démarche métaphysique selon laquelle à une certaine philosophie *font suite sa* politique et *son* esthétique, comme si la première était la légitimation des autres et celles-ci les conséquences de la première. Aller à la rencontre de telles implications d'une proposition philosophique signifie plutôt rencontrer le noyau lui-même de cette proposition ainsi

---

1. M. Merleau-Ponty, *Le visible et l'invisible*, p. 193.
2. *Cf.* J. Derrida, *Le toucher, Jean-Luc Nancy*, Paris, Galilée, 2000, p. 210 et p. 240, note 1.
3. *Ibid.*, p. 240, note 1.
4. Cf. *ibid.*

que de la philosophie en tant que telle : ce noyau qui fait corps avec l'ontologie se manifestant comme « pratique, et expérience, de l'être-en-commun »[1], que *pour cela* il nous faut interroger.

Comme le laissait entendre la référence précédente, dans *Corpus* Jean-Luc Nancy avait soumis à la critique la notion de « corps propre », en faisant observer qu'elle semblait renvoyer inévitablement à « la Propriété même, l'Être-à-Soi *en corps*. Mais à l'instant »  − objectait Nancy −  « toujours, c'est un corps étranger qui se montre, monstre impossible à avaler »[2]. De plus − comme Didier Franck se l'était déjà demandé − est-on bien sûr que les limites de ma chair soient celles de (mon) corps propre ?[3] Ne doit-on pas l'étendre plutôt « jusqu'où s'étend ma perception : jusqu'aux étoiles »[4], pour employer une expression de Bergson évoquée aussi par Merleau-Ponty ?[5].

Justement à la lumière de ces interrogations, dans *Le toucher, Jean-Luc Nancy* Derrida tend à accueillir la proposition de

1. R. Esposito, « Jean-Luc Nancy, il nucleo politico della filosofia », *il manifesto*, 10 juin 2000, p. 12. Le texte dont est extraite la citation est celui de l'introduction au colloque international intitulé « Libertà in comune », qui fut organisé par l'Istituto Suor Orsola Benincasa de Naples, les 9 et 10 juin 2000.

2. J.-L. Nancy, *Corpus, op. cit.*, p. 9. *Cf.* également *ibid.*, p. 27, ainsi que *L'intrus*, Paris, Galilée, 2000.

3. *Cf.* D. Franck, *Chair et corps. Sur la phénoménologie de Husserl, op. cit.*, p. 99.

4. *Ibid.*, p. 100.

5. *Cf.* M. Merleau-Ponty, *Le visible et l'invisible*, p. 83, note 2. Pour sa similitude avec le thème de l'« étrangeté si familière » de notre corps (*cf.* J.-L. Nancy, *Corpus, op. cit.*, p. 16), il convient de citer ce passage de Merleau-Ponty qui se conclut par le rappel de Bergson : « ce que je "suis", je ne le suis qu'à distance, là-bas, dans ce corps, ce personnage, ces pensées, que je pousse devant moi, et qui ne sont que mes lointains les moins éloignés ; et inversement, ce monde qui n'est pas moi, j'y tiens aussi étroitement qu'à moi-même, il n'est en un sens que le prolongement de mon corps » (M. Merleau-Ponty, *Le visible et l'invisible*, p. 83).

Didier Franck de « substituer "chair" à "corps propre" […], et cela » – précise-t-il – « malgré les ineffaçables connotations que "chair" risque d'importer […] là où la question du "corps chrétien" ne cesse de se rouvrir »[1].

Dans le cas du terme *leibhaftig*, utilisé souvent aussi bien par Husserl que par Heidegger pour exprimer une certaine relation non représentative ou substitutive avec la chose, Derrida cherche toutefois à repousser toute tentative de charger la référence à la chair d'une quelconque signification qui puisse dépasser l'usage « vaguement et conventionnellement métaphorique »[2], tandis que Merleau-Ponty écrivait expressément que « quand on dit que la chose perçue est saisie "en personne" ou "dans sa chair" (*leibhaft*), cela est à prendre à la lettre : la chair du sensible […] [reflète] ma propre incarnation et en [est] la contrepartie »[3].

Ainsi, la perspective de Derrida repousse-t-elle la tendance à « conférer de la chair à des "choses", à des "essences", à des modes d'expérience qui par essence sont sans chair (*Leib*), sans rapport ou sans contact avec soi »[4]. Autrement dit, l'auto-affection seule, pour lui, témoigne de la *Leiblichkeit*. Reprenant les termes du commentaire de Merleau-Ponty à *L'arche-originaire Terre ne se meut pas*, on devrait alors parler d'une « parenté » qui de l'être « de mon corps (*Leib*) […] s'étend aux

1. J. Derrida, *Le toucher, Jean-Luc Nancy*, *op. cit.*, p. 262.
2. *Ibid.*, p. 264.
3. M. Merleau-Ponty, *Signes*, p. 211. De son côté, Waldenfels, élève de Merleau-Ponty, affirme que la notion de « chair du monde » élaborée par ce dernier (et visée à travers l'expression allemande de *Leib der Welt*) peut être considérée comme une « radicalisation de la présence "en chair et en os [*leibhaftigen*]" que Husserl attribue aux choses dans la perception » (B. Waldenfels, *Phänomenologie in Frankreich*, *op. cit.*, p. 200).
4. J. Derrida, *Le toucher, Jean-Luc Nancy*, *op. cit.*, p. 266.

autres, qui m'apparaissent comme "autres corps", aux animaux, que je comprends comme variantes de ma corporéité »[1], *sans aller* cependant jusqu'aux « corps terrestres eux-mêmes », dont la pierre est l'exemple par excellence.

## Henry, la chair et le limon

On rencontre de nombreux points de convergence entre les indications de fond contenues dans le volume de Derrida et les prémisses de celui publié quelques mois après par Michel Henry et intitulé *Incarnation. Une philosophie de la chair*[2] : « une philosophie de la chair » dictée explicitement par une inspiration chrétienne.

Il est vrai que dès la première page de l'« Introduction » Henry annonce son intention d'exclure de son enquête « les êtres vivants autres que les hommes », motivant cette intention par le « choix méthodologique […] de parler de ce que nous savons plutôt que de ce que nous ignorons »[3]. Cependant la page suivante indique bien que l'auto-affection est le trait distinctif de la « chair » :

> Cette différence entre les deux corps que nous venons de distinguer – le nôtre qui s'éprouve soi-même en même temps qu'il sent ce qui l'entoure d'une part, un corps inerte de l'univers d'autre part, qu'il s'agisse d'une pierre sur le chemin ou des particules micro-physiques censées la constituer –, nous la fixons dès maintenant dans une terminologie appropriée. Nous

1. M. Merleau-Ponty, *Résumés de cours*, p. 169.
2. M. Henry, *Incarnation. Une philosophie de la chair*, Paris, Seuil, 2000.
3. *Ibid.*, p. 7.

appellerons *chair* le premier, réservant l'usage du mot *corps* au second[1].

Cette démarche conduit à formuler la différence à peine décrite en termes d'opposition :

> définie par tout ce dont le corps se trouve dépourvu, la chair ne saurait se confondre avec lui, elle en est, bien plutôt, si l'on peux dire, l'exact contraire. Chair et corps s'opposent comme le sentir et le non-sentir − ce qui jouit de soi d'un côté; la matière aveugle, opaque, inerte de l'autre[2].

Si la démarche de Henry affirme qu'un « abîme »[3] sépare les deux termes (le premier par rapport auquel nous bénéficierions d'un « savoir absolu et ininterrompu »[4], bien que aconceptuel, le deuxième nous laissant dans une « ignorance complète »[5]), à mon avis cela est à mettre en rapport avec son intention de greffer le thème de « l'élucidation de la chair »[6] sur celui de « l'Incarnation au sens chrétien »[7]. Ou, mieux encore, comme il le précise plus loin, au sens de Jean[8]. Henry explique en effet que, dans *De carne Christi*, Tertullien relie la chair que le Christ et les hommes ont en commun au limon avec lequel, d'après la Bible (*Genèse* 2,7), Dieu aurait modelé ces derniers[9] (esquissant par là, de manière manifestement mythique, les conditions de possibilité d'une « parenté » entre

---

1. M. Henry, *Incarnation. Une philosophie de la chair, op. cit.*, p. 8.
2. *Ibid.*, p. 9.
3. *Ibid.*, p. 8.
4. *Ibid.*, p. 9.
5. *Ibid.*, p. 10.
6. *Ibid.*, p. 9.
7. *Ibid.*, p. 10.
8. Cf. *ibid.*, p. 27.
9. *Cf.* Tertullianus, *De carne Christi*, IX, 2.

notre chair, l'être de la terre et celui des autres corps[1]). Mais Michel Henry repousse ce lien — « *dans le limon de la terre, écrit-il, il n'y a que des corps, aucune chair* »[2] — optant plutôt pour le lien annoncé par le verset 14 du « prologue » de l'Évangile de Jean : « Et le Verbe s'est fait chair [Καὶ ὁ λόγος σὰρξ ἐγένετο] ». Ce qui fait l'élément commun du Christ et des hommes, selon l'interprétation de M. Henry, provient plutôt du Verbe que du limon, et pour cette raison, on l'a vu, la chair est sans confrontation possible avec les « corps inertes de la nature matérielle »[3], ainsi qu'avec « les êtres vivants autres que les hommes ».

Afin de confronter les démarches examinées jusqu'ici et d'élucider leurs implications, on peut considérer comme particulièrement significatives les conséquences qui, aux yeux de M. Henry, découlent du dernier lien évoqué : la chair qui procède du Verbe n'est ni divisible ni sécable, si ce n'est par des « *impressions vécues dont aucune n'a encore été trouvée en fouillant le sol de la terre* »[4]. Une telle chair, donc, « *est toujours la chair de quelqu'un, la mienne par exemple, en sorte qu'elle porte en elle un "moi"* »[5]. Si, donc, le « prologue » de l'Évangile de Jean caractérise le Verbe en tant que « Verbe de Vie », celle-ci ne peut être assimilée, d'après Henry, à cet « universel impersonnel et aveugle de la pensée moderne — qu'il s'agisse du vouloir-vivre de Schopenhauer ou de la pulsion

---

1. « Quid caro quam terra conuersa in figuras suas ? [Qu'est-ce que la chair, sinon la terre changée en figures qui lui appartiennent ? ] » (Tertullianus, *De carne Christi*, IX, 2).
2. M. Henry, *Incarnation. Une philosophie de la chair*, op. cit., p. 27.
3. *Ibid.*, p. 10.
4. *Ibid.*, p. 27.
5. *Ibid.*

freudienne » [1]. C'est pourquoi, à son avis, la phénoménologie devrait procéder à un « renversement » des présupposés qui l'enracinent dans ce mode de penser « grec » si incompatible avec la pensée de Jean et qui en font une « phénoménologie du monde ou de l'Être ». Elle se transformerait alors en une science de la révélation de la Vie dans son absoluité, dont chair et Verbe sont des modes de manifestation [2]. Tel est le projet vers lequel se tourne le livre de M. Henry.

## Nancy, la chair et la pierre

Contrairement à ce que déclarait Merleau-Ponty dans son commentaire de *L'arche-originaire Terre ne se meut pas*, ni pour Derrida dans sa perspective propre, ni pour Henry dans la sienne, on saurait soutenir que la pierre « vole ». Si l'on s'en tient strictement à l'univers des auteurs considérés jusqu'ici, il peut dès lors être utile de rappeler le commentaire que fait Nancy, dans l'un de ses écrits qui évoque explicitement *Corpus*, à propos de la célèbre affirmation de Heidegger d'après laquelle « la pierre est sans monde » [3] puisque son « toucher » de la terre n'est en rien assimilable à celui du lézard qui touche la pierre et encore moins à celui de notre main posée sur la tête d'une autre personne [4]. Nancy observe que « ˝la pierre˝

---

1. M. Henry, *Incarnation. Une philosophie de la chair*, op. cit., p. 30.

2. Cf. *ibid.*, p. 31-31.

3. M. Heidegger, *Les Concepts fondamentaux de la métaphysique. Monde-finitude-solitude* (1983), trad. fr. de D. Panis, Paris, Gallimard, 1992, § 290, p. 293.

4. De son côté, Henry met en valeur une affirmation heideggérienne à la signification analogue : « Selon la remarque profonde de Heidegger, la table ne ˝touche˝ pas le mur contre lequel elle est placée. Le propre d'un corps comme le nôtre, au contraire, c'est qu'il sent chaque objet proche de lui » (M. Henry, *Incarnation. Une philosophie de la chair*, op. cit., p. 8).

de Heidegger est encore seulement abstraite » [1], puisque concrètement, avec son *toucher* quand même de la terre, « il y a différence des lieux − c'est-à-dire, lieux − dislocation, sans appropriation de l'un par l'autre. Il n'y a pas "sujet" et "objet", mais places et lieux, écarts : *monde* possible, monde déjà » [2]. Par des mots qui semblent justement répondre à la question des limites de la parenté de notre *Leib* (question qui est, formulée autrement, celle, déjà posée plus haut, des conditions de possibilité de la communication de l'expérience), Nancy précise un peu plus bas :

> Suis-je en train de suggérer que quelque chose de la "compréhension" revient à la pierre elle-même ? Qu'on ne craigne ici aucun animisme, aucun panpsychisme. Il ne s'agit pas de prêter à la pierre une intériorité. Mais la compacité même de sa dureté impénétrable (impénétrable à elle-même) ne se définit (elle se dé-finit, précisément) que par l'écart, la distinction de son être ceci, ici [...]. Pas d'animisme, donc, tout au contraire. Mais une "philosophie quantique [...] de la nature" reste à penser. [...] *Corpus* : tous les corps, les uns hors des autres, font le corps inorganique du sens [3].

C'est dans une direction analogue que semble se diriger la démarche merleau-pontienne selon laquelle le contact entre mes mains et celui entre ma main et la chose seraient

---

1. J.-L. Nancy, *Le sens du monde*, Paris, Galilée, 1993, p. 102.
2. *Ibid.*
3. *Ibid.*, p. 103. À propos de l'argumentation de Nancy rapportée ici, *cf.* son *Corpus*, *op. cit.*, avec une référence particulière au paragraphe intitulé « Aphalle et acéphale », p. 14-18, où l'on nie justement que les corps possèdent une orientation (ce qui revient à nier l'organicité) et où l'on affirme que « queue et tête, pour finir, ils [*i.e.* les corps] le *sont* aussi : ils sont *la discrétion même des places du sens, des moments de l'organisme, des éléments de la matière*. Un corps est le lieu qui ouvre, qui écarte, qui espace phalle et céphale : leur *donnant lieu* de faire événement » (*ibid.*, p. 18).

*apparentés* en fonction d'une réversibilité qui demeure, comme je l'ai déjà rappelé, « toujours imminente et jamais réalisée en fait », célébrant ainsi le pouvoir de différenciation (et comme tel de signification) de l'écart. Je signale au passage que Merleau-Ponty revendique l'enracinement charnel de la science dans le cadre des considérations accordées justement à « la signification philosophique de la mécanique quantique »[1]. Les directions de pensée de Merleau-Ponty et de Nancy semblent donc devoir converger dans la reconnaissance de la participation de la pierre au même monde auquel nous appartenons[2]. Derrida quant à lui, pour les raisons évoquées plus haut, refuse, par une référence critique transparente à la dernière philosophie de Merleau-Ponty, l'hypothèse d'une « ˝mondialisation˝ de la chair »[3]. Ses remarques nous imposent de nous demander, dès lors, s'il est possible de sauver l'intention programmatique de la phénoménologie de réintégrer l'apparaître à l'être, en la mettant en même temps à l'abri de ces implications ontologiques non désirées (du moins par Derrida).

## Merleau-Ponty, le freudisme et la chair

A titre d'exemple, il convient de se demander ce qu'il en est de l'interprétation, justement « ontologique », que la dernière pensée de Merleau-Ponty propose de la psychanalyse : une interprétation qui à ses yeux la rachète du causalisme scientiste

---

1. M. Merleau-Ponty, *La Nature*, p. 132.
2. Nancy précise que la pierre est « au monde sur un mode du *à* qui est au moins celui de l'*aréalité* : extension d'aire, espacement, distance, constitution ˝atomistique˝ » (J.-L. Nancy, *Le sens du monde, op. cit.*, p. 103).
3. J. Derrida, *Le toucher, Jean-Luc Nancy, op. cit.*, p. 266.

(dont Merleau-Ponty repère souvent la présence dans le langage freudien), ainsi que des limites « anthropologiques »[1] auxquelles elle a été assignée, et de l'idée de *stratification*[2] que nous avons déjà vu Merleau-Ponty critiquer chez Husserl.

L'exigence de « faire non une psychanalyse existentielle, mais une psychanalyse *ontologique* »[3] est explicitement affirmée dans une note de travail du *Visible et l'invisible* dont le titre rapproche de manière significative le couple de concepts « corps et chair » à la notion d'« éros » pour en faire émerger la « Philosophie du Freudisme »[4].

La note commence en répétant la critique de Merleau-Ponty envers l'interprétation causaliste de ce que Freud appelle « la relation entre les impressions infantiles [*Kindheitseindrücken*] et le cours de la vie de l'artiste et ses œuvres comme réactions à ces excitations »[5]. Voici le texte du passage de Merleau-Ponty :

1. « Une philosophie de la chair est condition sans laquelle la psychanalyse reste anthropologie » (M. Merleau-Ponty, *Le visible et l'invisible*, p. 321).

2. « Toute l'architecture des notions de la psycho-logie [...] s'éclaire soudain quand on pense ces termes comme des *différenciations* d'une seule et massive adhésion à l'Être qui est la chair [...] : car il n'y a pas de *hiérarchie* d'ordres ou de couches ou de plans (toujours fondée sur distinction individu-essence), il y a dimensionnalité de tout fait et facticité de toute dimension » (M. Merleau-Ponty, *Le visible et l'invisible*, p. 324).

3. *Ibid.*, p. 323 (*c'est l'auteur qui souligne*).

4. Le titre de la note de travail de décembre 1960 est en effet « Corps et chair – Eros – Philosophie du Freudisme » : *cf.* M. Merleau-Ponty, *Le visible et l'invisible*, p. 323-324. Pour la proposition d'une interprétation ontologique de la psychanalyse, outre cette note de travail, on peut noter l'importance de la « Préface » rédigée pour le volume du psychanalyste A. Hesnard, *L'œuvre de Freud et son importance pour le monde moderne*, Paris, Payot, 1960, reprise dans M. Merleau-Ponty, *Parcours deux (1951-1961)*, Lagrasse, Verdier, 2000, p. 276-284. A propos de l'argument, qu'il me soit permis de renvoyer au quatrième chapitre de mon ouvrage, *Proust et les idées sensibles*, Paris, Vrin, 2008, p. 115-135.

5. S. Freud, *L'intérêt de la psychanalyse* (1913), trad. fr. (modifiée) de P.-L. Assoun, « Les classiques des sciences humaines », Paris, éditions du CEPL, 1980, p. 91.

Interprétation superficielle du Freudisme : il est sculpteur parce qu'il est anal, parce que les fèces sont déjà glaise, façonner, etc. Mais les fèces ne sont pas *cause* : si elles l'étaient, tout le monde serait sculpteur [.] Les fèces ne suscitent un caractère (*Abscheu*) que si le sujet les vit de manière à y trouver une dimension de l'être −[1].

À propos de cette dernière expression − caractéristique de la pensée finale de Merleau-Ponty − il est important de signaler que par le terme « dimension » il faut entendre ici un *élément* − au sens présocratique déjà évoqué plus haut, mais aussi au sens de Bachelard, comme le précisait Merleau-Ponty un peu avant[2] − élément qui ne cessera plus de définir le rapport de ce « sujet »[3] à l'être, en se chargeant de nouvelles significations au fil du développement de ce rapport.

Mais revenons à la note de travail examinée ; elle se poursuit ainsi : « autrement dit être anal n'*explique* rien : car, pour l'être, il faut avoir la capacité ontologique (= capacité de prendre un être comme représentatif de l'Être) − »[4]. Ce que Merleau-Ponty qualifie de « capacité ontologique » réside donc dans la possibilité d'investir un étant quelconque (dans une note de travail de peu ultérieure est introduit l'exemple de la mer) « comme ˮélémentˮ, non comme chose individuelle »[5], à travers lequel s'opère ainsi, nous explique notre note de travail, une « ouverture à l'Être »[6].

---

1. M. Merleau-Ponty, *Le visible et l'invisible*, p. 323.
2. Cf. *ibid.*, p. 320.
3. Bien que dans la note de travail citée apparaisse le terme de « sujet », l'ontologie merleau-pontienne de la chair comporte explicitement une remise en question de ce que ce terme désigne de manière classique.
4. M. Merleau-Ponty, *Le visible et l'invisible*, p. 323.
5. *Ibid.*, p. 327.
6. *Ibid.*, p. 323.

Il est cependant évident que cette capacité est niée lorsqu'on soutient, comme Derrida, que notre parenté avec les autres corps se limite à ceux pour lesquels l'auto-affection est possible. Pourtant l'éros, opportunément évoqué dans le titre de la note de travail, peut tout à fait investir les *choses*, comme en témoigne le phénomène du fétichisme, tout autant que ces « idéaux » – ces essences dont Derrida niait de son côté, de la même façon qu'aux choses, la consistance charnelle – dont le processus d'élaboration, d'après Freud, est de fait analogue à celui des fétiches :

> Dans ce même contexte, on peut aussi saisir que les objets préférés des hommes, leurs idéaux, proviennent des mêmes perceptions et expériences vécues que les objets les plus exécrés par eux, et ne se différencient les uns des autres, à l'origine, que par de minimes modifications. Il peut même se faire, comme nous l'avons vu dans la genèse du fétiche, que la représentance de pulsion originelle ait été décomposée en deux morceaux, dont l'un succomba au refoulement, tandis que le reste, précisément à cause de cette intime connexion, connut le destin de l'idéalisation[1].

## la chair, la pierre et la politique

Mais reconnaître aux choses une parenté avec notre *Leib* ne revient-il pas à annuler (ou, du moins, à prendre le risque d'annuler) leur être comme *Körper* ? Des éléments de réponse à cette question peuvent être trouvés une fois encore dans *L'arche-originaire Terre ne se meut pas*, où Husserl prend en considération l'hypothèse que

---

1. S. Freud, « Le refoulement » (1915), trad. fr. de J. Altounian, A. Bourguignon, P. Cotet et A. Rauzy, dans *Œuvres complètes*, vol. XIII (1914-1915), *op. cit.*, p. 193.

je et nous [pourrions] voler et [aurions] deux Terres comme corps-sol et que, de l'une, on puisse toujours voler jusqu'à l'autre. Ainsi l'une deviendrait justement corps pour l'autre, qui serait sol. Mais que signifie deux Terres ? Deux fragments d'une Terre avec une humanité. *Ces deux fragments s'assembleraient en un sol et chacun serait simultanément corps pour l'autre* [1].

L'inclusion du *Körper* dans l'horizon du *Leib* n'efface donc pas sa *Körperlichkeit*, mais inaugure plutôt la réversibilité — « toujours imminente et jamais réalisée en fait » — entre son être *Körper* et son être *Leib*.

À bien y regarder, des préoccupations similaires à celles qui sous-tendent l'interrogation formulée un peu plus haut, animent des objections régulièrement faites à la dernière philosophie de Merleau-Ponty. Déjà Sartre se plaignait en disant :

Merleau-Ponty prend l'habitude d'accompagner chaque Non jusqu'à le voir se retourner en Oui et chaque Oui jusqu'à ce qu'il se change en Non. Il devient si habile, dans les dernières années, à ce jeu de furet qu'il en fait une véritable méthode [2].

Jean-François Lyotard reprendra à son compte cette perplexité en observant la tendance de Merleau-Ponty à ignorer les « dissonances » au profit des « consonances » [3]. Les implications politiques de ces remarques sont évidentes ; Sartre lui-même les évoquait en se disant que « les vérités contradictoires, chez lui [*i.e.* Merleau-Ponty] ne se combattent jamais ; aucun risque de bloquer le mouvement, de provoquer un

---

1. E. Husserl, « L'arche-originaire Terre ne se meut pas », art. cit., p. 14 (*je souligne*).
2. J.-P. Sartre, « Merleau-Ponty vivant » (1961), *Situations philosophiques*, Paris, Tel-Gallimard, 1990, p. 202.
3. J.-F. Lyotard, *Des dispositifs pulsionnels*, « 10/18 », Paris, Union Générale d'Édition, 1973, p. 283.

éclatement. Au reste, sont-elles à proprement parler contra-dictoires ? »[1] Ainsi la pensée du dernier Merleau-Ponty estomperait les contradictions jusqu'à les rendre, en tant que telles, impensables, ouvrant de la sorte à des conclusions consolantes.

Inversement, dans le livre où Jean-Luc Nancy réfléchit sur l'expérience de sa transplantation cardiaque, l'exigence, visiblement politique, de ne pas ignorer les « dissonances » au profit des « consonances », semble à l'œuvre. En relatant l'idée dont procède ce livre il affirme :

> On m'a demandé un article pour un numéro d'une revue sur le thème « la venue de l'étranger ». Je ne savais pas bien quoi faire. J'avais seulement une idée : *insister sur l'étrangeté de l'étranger (au lieu de réabsorber tout dans la proximité, dans la fraternité, etc.)*[2].

Relativement aux problèmes affrontés jusqu'ici, il nous paraît particulièrement significatif qu'un texte animé d'une telle exigence en vienne à conclure que « l'intrus n'est pas un autre que moi-même et l'homme lui-même. Pas un autre que le même qui n'en finit pas de s'altérer, à la fois aiguisé et épuisé, dénudé et suréquipé, intrus dans le monde aussi bien qu'en soi-même »[3].

Qu'est-ce qui s'interpose entre cette exigence-là et cette conclusion-ci ? En position presque moyenne, dans son texte, Nancy décrit son expérience de cardiaque, laquelle vient éclairer la manière dont se donnent les relations entre l'inté-rieur et l'extérieur – et même entre *l'intime* et *l'étranger* – dans

1. J.-P. Sartre, « Merleau-Ponty vivant », *op. cit.*, p. 202-203.
2. J.-L. Nancy, « Il taglio nel senso – Intervista a Jean-Luc Nancy », éd. V. Piazza, in *L'intruso*, trad. it. de V. Piazza, Napoli, Cronopio, 2000, p. 41 *(je souligne)*.
3. J.-L. Nancy, *L'intrus*, *op. cit.*, p. 45.

des termes que, à l'aide de Merleau-Ponty, nous pourrions définir significativement comme *chiasmatiques* : « Mon cœur devenait mon étranger : justement étranger parce qu'il était dedans. *L'étrangeté ne devait venir du dehors que pour avoir d'abord surgi du dedans* »[1].

C'est précisément grâce à ce chiasme que le texte de Nancy, initié par l'exigence de souligner l'être irrémédiablement intrus de l'intrus, semble pouvoir en venir à affirmer que celui-ci apparaît *toujours déjà à l'intérieur*, parce qu'il « n'est pas un autre que moi-même ».

S'agit-il là de conclusions qu'on pourrait juger comme consolatrices ? Non, car l'étranger, en tant que chair de ma chair, est de ce fait mon frère, mais mon frère peut être Caïn. *Donc je pourrais l'être moi même*. En tant que condition de *toutes* ces possibilités, en tant que condition d'une « réversibilité toujours imminente et jamais réalisée en fait », la chair fonde *toute* éthique et *toute* politique possibles. Cela signifie qu'elle ne fonde pas *une* éthique ou *une* politique particulières et en même temps qu'elle ne peut pas être considérée comme une dimension « pré-éthique » ou « pré-politique », mais plutôt qu'elle constitue l'horizon même de notre « être-en-commun »[2].

Transposés dans les termes dans lesquels se posait la question d'un risque d'effacement du *Körper* dans le *Leib*, ces conclusions

---

1. J.-L. Nancy, *L'intrus, op. cit.*, p. 17 (*je souligne*).
2. Sur les implications éthiques et politiques des approches philosophiques de Merleau-Ponty, *cf.* D. H. Davis (ed.), *Merleau-Ponty's Later Works and Their Practical Implications. The Dehiscence of Responsibility*, Amherst (New York), Humanity Books, 2001, ainsi que R. Bonan, *La dimension commune*, volume 1, *Le problème de l'intersubjectivité dans la philosophie de Merleau-Ponty*, volume 2, *L'institution intersubjective comme poétique générale*, Paris, L'Harmattan, 2001.

indiquent non seulement que, bien entendu, la pierre se situe à l'intérieur de l'horizon de la chair, mais, par là même, qu'il faut être attentif, parce qu'à l'intérieur de l'horizon de la chair on peut rencontrer la pierre. Affirmer la distinction absolue entre la chair et la pierre, l'étranger et le familier, le frère et l'intrus, comme si cette fille qui a exterminé sa propre famille n'en faisait pas partie elle-même, serait effectivement de nature à nous consoler. Le serait, en effet, le fait de penser une réversibilité privée d'écart, c'est-à-dire de nature à *se réaliser*, enfin, comme une con-fusion pacifiée entre les éléments qu'elle met en relation, tout comme le serait le fait de penser l'écart comme fracture qui, au lieu d'ouvrir de manière *conjointe* les différentes – et divergentes – possibilités de ces éléments, aboutirait à poser leur distinction absolue et, par conséquent, leur *extrusion* réciproque. Au sein de cette dernière tendance, l'orientation qui affirme l'irréductible particularité de la chair de l'homme en tant que reliée à l'incarnation au sens chrétien du terme, s'expose en outre au risque de proposer à nouveau, pour l'homme lui-même, la position qui a fondé historiquement, en Occident, les stratégies modernes de subjectivation et en même temps d'assujettissement.

## la mondialisation, le « champ virtuel » et la sémantique de la chair

Dans la même direction que celle que j'ai cherché à indiquer, nous trouvons la profonde affirmation de Roberto Esposito, lequel, en conjuguant de manière originale Nancy et

Merleau-Ponty[1], peut soutenir : « Il n'y a de philosophie que de la relation, dans la relation, pour la relation. *Elle est le point de résonance de la chair du monde* »[2]. Il s'agit, bien sûr, d'une orientation opposée à celle de Derrida et à son refus d'une « "mondialisation" de la chair ».

Cette dernière expression, cependant, n'évoque pas seulement le thème merleau-pontien revendiqué par Esposito, étant donné que *mondialisation* est tout aussi bien le terme par lequel on désigne en français le processus actuel de « globalisation » économique et culturel.

Quelles résonances produit la rencontre d'un tel processus avec une pensée de la chair ? Celle-ci par exemple : que la conception de la chair comme *tissu de différences*, telle que je l'ai définie auparavant, conduit Merleau-Ponty, en conclusion à une note de travail du *Visible et l'invisible* intitulée de manière significative « Chiasme – Réversibilité », à se demander : « Qu'est-ce que j'apporte au problème du même et de l'autre ? Ceci : que le même soit l'autre que l'autre, et l'identité différence de différence »[3]. L'identité qui me définit, donc, consiste dans le fait de me saisir différent des différences constitutives des autres. Par exemple, cela signifie que je me percevrai comme *italien* seulement en entrant en relation avec la diversité d'un *français*, alors qu'en me comparant à celle d'un américain je me percevrai plutôt comme *européen*, assignant brusquement au français cette même identité, qui me le fera apparaître alors

---

1. En vertu d'un de ces « *partages* » entre les deux philosophes, soulignés par Derrida dans *Le toucher, Jean-Luc Nancy*, *op. cit.*, *cf.* en particulier p. 247.
2. R. Esposito, « Jean-Luc Nancy, il nucleo politico della filosofia », art. cit. (*je souligne*).
3. M. Merleau-Ponty, *Le visible et l'invisible*, p. 318.

davantage comme semblable que différent. Toutefois il est évident que cela n'est pas particulièrement spécifique de l'époque de la mondialisation postérieure à la chute du mur de Berlin et marquée par l'avènement du commerce électronique ; puisque de la même façon, il y a trente ans, en Italie, il pouvait arriver au fils d'un immigré du Sud de ne se sentir jamais si *méridional* qu'au moment d'entendre certains jugements de valeur des septentrionaux à propos des gens originaires des mêmes régions que son père, ni de se sentir jamais si *septentrional* qu'au moment de rendre visite à la famille de ce dernier.

Ces exemples nous montrent dès lors que, pensée dans les termes suggérés par cette conception de la chair, l'identité n'est jamais fixée une fois pour toutes, mais se précise toujours à nouveau à l'occasion de la *rencontre* avec la différence d'autrui. L'identité se révèle être par conséquent le *centre virtuel* qui ne cesse de se préciser dans le mouvement, toujours renouvelé, de différenciation de chacun à l'égard des différences des autres.

La vertigineuse accélération imposée à certaines transforma-tions par les *formes actuelles* de mondialisation [1] ne fait ainsi que mettre en évidence la façon dont la chair est *constitutivement* « mondiale ».

---

1. À propos de la caractérisation historiquement *plurielle* de la notion de « globalisation » que je voudrais suggérer ici, *cf.* l'intervention de Jacques Le Goff au *Forum* de l'*Académie universelle des cultures*, qui eut lieu à Paris les 13 et 14 novembre 2001. Dans la version publiée dans « Le Monde » on peut lire : « La connaissance des formes antérieures de mondialisation est nécessaire pour comprendre celles que nous vivons et pour adopter les positions qu'il convient de prendre vis-à-vis de ce phénomène » (J. Le Goff, « Heurs et malheurs des mondialisations », *Le Monde*, 16 novembre 2001, p. 1 et p. 17).

Cette direction de pensée a été relancée et précisée par Roberto Esposito lors d'un « dialogue sur la philosophie à venir » avec Jean-Luc Nancy[1]. Malgré ce qu'on a pu lire plus haut concernant ses critiques à l'égard de la notion de « corps propre », au cours de ce dialogue Nancy affirme sa préférence pour une pensée du corps plutôt que de la chair, qu'il qualifie de « mot d'épaisseur, tandis que corps est un mot léger »[2]. Face à ces raisons, Esposito oppose des réflexions qu'il me paraît utile de citer, du moins dans leur articulations principales :

> Par contre, il me semble que le principe de l'altération et de la contamination réclame la sémantique de la "chair", entendue précisément en tant qu'ouverture du corps, son expropriation, son être "commun". [...] La chair renvoie au dehors tout comme le corps au dedans : elle est le point et la marge où le corps n'est plus seulement un corps, mais aussi son envers et son fond défoncé, comme Merleau-Ponty l'avait pressenti à sa manière. [...] Je crois que la tâche première de la philosophie à venir est, tout d'abord, de remplacer les termes de "terre", "corps", et "immunité" par ceux de "monde", "chair" et "communauté"[3].

À son tour, Pietro Montani a repris cette ligne de pensée – cette sémantique de la "chair" – en la développant de manière originale dans le domaine de l'esthétique et en soulignant qu'elle comporte « d'importantes répercussions sur le plan de

1. *Cf.* R. Esposito et J.-L. Nancy, *Dialogo sulla filosofia a venire*, introduction à l'édition italienne de J.-L. Nancy, *Être singulier pluriel*, Paris, Galilée, 1996, trad. it. de D. Tarizzo, *Essere singolare plurale*, Torino, Einaudi, 2001, p. VII-XXIX.
2. *Ibid.*, p. XXVIII.
3. *Ibid.*, p. XXVI-XXVII.

l'image » [1] qui, évidemment, se conjuguent aussi aux mutations technologiques à l'œuvre sur ce plan.

Dans cette perspective, il n'est dès lors guère surprenant que la sémantique de la chair merleau-pontienne inspire aussi un volume « qui s'intitule *Esthétique du virtuel* parce qu'il traite des corps qui sont des images ; et des interactions entre notre corps, appesanti et en même temps allégé par des prothèses non organiques, et ces images » [2]. En effet, l'auteur de ce volume, Roberto Diodato, explique que la notion de « chair du monde » est, à son sens, « une bonne description du champ virtuel » [3], dans la mesure où celui-ci, « dont les objets sont une modalité de relation, est lui-même une structure de corrélation ou une trame relationnelle de corps entendus comme événements de réversibilité » [4].

Qu'il s'agisse de la révolution numérique ou de la mondialisation, c'est donc toujours un tel tissu de relations parmi des différences que la sémantique de la chair merleau-pontienne peut nous aider à penser et à nommer. Comme elle peut nous empêcher de séparer l'esthétique et la politique l'une de l'autre.

1. P. Montani, *Bioestetica. Senso comune, tecnica e arte nell'età della globalizzazione*, Roma, Carocci, 2007, p. 15.
2. R. Diodato, *Esthétique du virtuel* (2005), trad. fr. de H. Goussebayle, Paris, Vrin, 2011, p. 8.
3. *Ibid.*, p. 103.
4. *Ibid.*

# *il faut beaucoup de temps pour devenir sauvage*
## Gauguin d'après Merleau-Ponty, Merleau-Ponty d'après Gauguin

## mais quelle chair ? Derrida contre Merleau-Ponty

En commençant ce qui était destiné à rester le dernier chapitre de l'œuvre non terminée *La prose du monde* [1], Maurice Merleau-Ponty nous rappelle comment « notre temps a privilégié toutes les formes d'expression élusives et allusives, donc tout d'abord l'expression picturale, et en elle l'art des "primitifs", le dessin

---

1. M. Merleau-Ponty, *La prose du monde*, texte établi et présenté par C. Lefort, Paris, Tel-Gallimard, 1992. Claude Lefort fournit dans son *Avertissement* de précieuses informations sur l'histoire de ce livre et éclaire un moment d'importance particulière dans l'itinéraire intellectuel de Merleau-Ponty. En ce qui concerne les dates de rédaction de *La prose du monde*, Lefort incline à penser que les pages retrouvées – qui devaient constituer la première partie de l'œuvre – ont été écrites, sur la base de sollicitations précédentes, en une seule année, l'année 1951, et que la décision de suspendre la rédaction avait été prise au début de l'année suivante. Il fait remarquer également que, entre 1950 et 1951, Merleau-Ponty décida de réduire, par rapport aux projets précédents, le champ thématique de *La prose du monde*, sans doute – suggère Lefort – pour le subordonner à celui de *L'Origine de la vérité*, livre auquel il avait l'intention de confier la tâche de dévoiler le sens ontologique de sa théorie de l'expression. La réflexion sur les thèmes que ce dernier travail devait traiter conflua par la suite dans les pages inachevées du *Visible et l'invisible*. Sur la même période de la pensée de Merleau-Ponty, *cf.* aussi *infra*, p. 104, note 3.

des enfants et des fous.[...] Mais [...] le recours à l'expression brute ne se fait pas *contre* l'art des musées »[1].

Peu avant que ce chapitre ne soit brusquement interrompu, Merleau-Ponty revient sur l'expression picturale ainsi caractérisée, en écrivant que « les objets de la peinture moderne "saignent", répandent sous nos yeux leur substance, ils interrogent directement notre regard, ils mettent à l'épreuve le pacte de coexistence que nous avons conclu avec le monde par tout notre corps »[2].

Dans le sens ainsi précisé, on peut donc rapporter à la peinture moderne dans son ensemble ce que, dans *Le visible et l'invisible*, en se référant en particulier à Paul Klee, Merleau-Ponty remarquera d'un certain courant en elle, qu'il définira comme « peinture sans choses identifiables, sans la *peau* des choses, mais donnant leur *chair* »[3].

Bref, aux yeux de Merleau-Ponty, dans la peinture moderne *il y va* de la chair : de celle, nous venons de le voir, des choses (terme préférable en tout cas à « objets », dont l'étymologie nous suggérerait leur *être absolument en face de nous*), ni plus ni moins que de celle dont la manière d'*habiter le monde* de chaque vivant est constituée.

Par ailleurs, on sait que Jacques Derrida dans *Le toucher, Jean-Luc Nancy* — livre dans lequel il reproche à Merleau-Ponty les multiples aspects d'une infidélité de fond à Husserl[4] — d'un

---

1. M. Merleau-Ponty, *La prose du monde*, p. 204.
2. *Ibid.*, p. 211.
3. M. Merleau-Ponty, *Le visible et l'invisible*, p. 272. Merleau-Ponty utilise l'expression « peau des choses » en se référant de manière explicite à la peinture de Paul Klee dans les *Notes des cours au Collège de France 1958-1959 et 1960-1961*, p. 56. Je reviendrai sur ces références dans le prochain chapitre du présent ouvrage.
4. *Cf.* J. Derrida, *Le toucher, Jean-Luc Nancy, op. cit.*, en particulier p. 224.

côté, affirme que ce dernier n'aurait jamais partagé la notion merleau-pontienne de « chair du monde »[1] et, de l'autre, juge dangereuse « la traduction plus ou moins systématique, depuis Merleau-Ponty, de *Leib* par *chair* », puisqu'à son avis elle risque d'importer d'« ineffaçables connotations »

> là où la question du "corps chrétien" ne cesse de se rouvrir. Tout dans le mot "chair", certes, ne revient pas à une sémantique chrétienne ; il serait absurde ou imprudent de le prétendre. Mais aussi imprudent, néanmoins, de négliger le travail de lime de cette sémantique, même là où les usagers de ce mot seraient tout sauf "chrétiens" et ne songeraient pas un instant à mettre intentionnellement leur discours sur la chair au service d'une cause chrétienne[2].

C'est justement dans le cadre de cette discussion, dont les accents résonnent d'une façon si particulièrement philo-sophique, que je me propose de faire appel au témoignage artistique de Paul Gauguin.

## être sauvage

On a vu que l'art des « primitifs » est compté par Merleau-Ponty parmi les formes d'expression privilégiées par la pein-ture moderne et on sait que, précisément en ce sens, Gauguin est considéré comme « le *primitif* du primitivisme moderniste, sa figure originale et embryonnaire »[3]. À ce qu'il semble, le premier n'a jamais concentré sa réflexion philosophique sur la

---

1. Cf. *ibid.*, p. 214.
2. J. Derrida, *Le toucher, Jean-Luc Nancy, op. cit.*, p. 262.
3. K. Vanerdoe, « Gauguin », in W. Rubin (ed.), « *Primitivism* » in 20th Century Art : Affinity of the Tribal and the Modern, New York, The Museum of Modern Art, 1984, volume I, p. 179.

recherche picturale du second. Toutefois, l'attention commune à l'« être sauvage » – entendu comme dimension *actuelle* à laquelle « il est demandé de créer à nouveau la culture » [1], avant tout celle de l'Occident – semble rendre leurs propos spontanément convergents.

Je me propose dès lors d'aborder la peinture et la poétique picturale développées par Gauguin en Polynésie d'après les notions de « chair » et d'« être sauvage » élaborées par Merleau-Ponty. Dans cette perspective mon but est, d'une part, de vérifier si les notions théoriques indiquées ci-dessus peuvent nous aider à mieux comprendre le sens de la tentative picturale de Gauguin et, d'autre part, d'évaluer, à travers leur confrontation avec la peinture de Gauguin, l'envergure de ces notions elles-mêmes, surtout par rapport aux jugements de Derrida que je viens de rappeler.

On a vu que Merleau-Ponty conçoit l'originaire comme étant en perpétuel éclatement. En ce sens il remarque que « il ne s'agit pas de redevenir sauvage » [2], si par là on compte effectuer une régression qui nous permettrait enfin d'adhérer à une couche positive d'expérience qui précéderait toute culture et qui se

---

1. M. Merleau-Ponty, *Signes*, p. 228, où Merleau-Ponty souligne, de manière significative, la convergence entre l'entreprise phénoménologique dans laquelle il se voit engagé lui-même et l'entreprise développée, à son avis, par la peinture moderne : « Bon gré mal gré, contre ses plans et selon son audace essentielle, Husserl réveille un monde sauvage et un esprit sauvage. Les choses sont là, non plus seulement, comme dans la perspective de la Renaissance, selon leur apparence projective et selon l'exigence du panorama, mais au contraire debout, insistantes, écorchant le regard de leurs arêtes, chacune revendiquant une présence absolue qui est incompossible avec celle des autres, et qu'elles ont pourtant toutes ensemble, en vertu d'un sens de configuration dont le ″sens théorétique″ ne nous donne pas idée ». Je reviendrai sur ce passage dans le chapitre suivant.

2. M. Merleau-Ponty, *Notes des cours au Collège de France 1958-1959 et 1960-1961*, p. 155.

voudrait pour cela même intacte, une couche qu'on espérerait bien pouvoir *exposer*, par la suite, d'une façon mimétique.

Dans une note de travail du *Visible et l'invisible*, Merleau-Ponty identifie plutôt l'être sauvage avec le « monde perçu »[1] dont il vient de décrire le rapport avec la peinture de la manière suivante :

> Le monde perceptif "amorphe" dont je parlais à propos de la peinture, – ressource perpétuelle pour refaire la peinture, – qui ne contient aucun mode d'expression et qui pourtant les appelle et les exige tous et re-suscite avec chaque peintre un nouvel effort d'expression, – ce monde perceptif est [...] plus que toute peinture, que toute parole, que toute "attitude", et [...] apparaît comme contenant tout ce qui sera jamais dit, et *nous laissant pourtant à le créer*[2].

De même, la *sauvagerie* à laquelle tend Gauguin, semble consister, avant toute chose, en un rapport non *imitatif* mais *créatif* avec la nature, sachant correspondre à ses « infinis mystérieux », à sa « puissance d'imagination », à la variation continue de « ses productions », ainsi que Gauguin lui-même l'écrit à propos de Redon en 1889[3]; et sachant aussi, dans ses vibrations, saisir « ce qu'il y a de plus général et partant de plus vague dans la nature : sa force intérieure », comme il le réaffirme presque dix ans plus tard[4]. Cela apparaît à plusieurs reprises dans tous ses *écrits d'un sauvage*, où Gauguin repousse

---

1. « *L'Être brut ou sauvage* (= *monde perçu*) » (M. Merleau-Ponty, *Le visible et l'invisible*, p. 223 ; *c'est l'auteur qui souligne*).
2. *Ibid.*, p. 223-224.
3. P. Gauguin, « Huysmans et Redon » (1889), dans *Oviri. Écrits d'un sauvage*, choisis et présentés par D. Guérin, Paris, Gallimard, 1974, p. 60.
4. P. Gauguin, « Diverses choses » (1896-1897), *ibid.*, p. 179.

justement « l'imitation servile de la nature »[1], en soutenant qu'il faut observer plutôt comment celle-ci « est *artiste* »[2] : l'observer, précise-t-il, de façon « personnelle » avec le but d'en extraire une « science »[3] personnelle. Bref, comme le synthétise le « Cahier pour Aline », « l'artiste [...] (s'il veut vraiment faire œuvre créatrice divine) ne doit pas copier la nature mais prendre les éléments de la nature et créer un nouvel élément »[4].

Pour Gauguin comme pour Merleau-Ponty, l'expression de l'être sauvage consiste donc en une « reprise créatrice »[5] de cette *erste Natur* que le philosophe définit, d'une façon significative, comme « Principe barbare »[6] et qu'il décrit comme « l'élément le plus ancien, un ˝abîme de passé˝ qui reste toujours présent en nous comme en toute chose »[7].

Pour les deux, l'expression de l'être sauvage vit donc d'un geste tout ensemble *archéologique* et *téléologique*. En ce sens, Gauguin parle de traduire « une vérité par un mensonge »[8], et c'est

1. P. Gauguin, « Notes sur l'art à l'exposition universelle » (1889), dans *Oviri. Écrits d'un sauvage*, *op. cit.*, p. 60.
2. *Ibid.* (je souligne).
3. P. Gauguin, « Notes synthétiques » (1884-1885), *ibid.*, p. 26.
4. P. Gauguin, « Cahier pour Aline » (1892), *ibid.*, p. 92.
5. L'expression « reprise créatrice » est de Merleau-Ponty : *cf.*, par exemple, *Sens et non-sens* (1948), Paris, Gallimard, 1996, p. 32, ainsi qu'« Un inédit de Merleau-Ponty » (1952), *Parcours deux (1951-1961)*, p. 43.
6. M. Merleau-Ponty, *Le visible et l'invisible*, p. 321 ainsi que *La Nature. Notes. Cours du Collège de France*, p. 62.
7. M. Merleau-Ponty, *La Nature*, p. 61. Dans ces notes du cours donné au Collège de France en 1956-1957 Merleau-Ponty explique l'expression « Principe barbare », se référant à Schelling, de la manière suivante : « Cette *erste Natur* c'est ˝l'étoffe fondamentale de toute vie et de tout existant, quelque chose d'effrayant, un principe barbare qu'on peut dépasser, mais jamais mettre de côté˝ » (*ibid.*, p. 62).
8. P. Gauguin, « Diverses choses », dans *Oviri. Écrits d'un sauvage*, *op. cit.*, p. 178.

précisément de ce geste, de cette « vérité du mensonge » [1], qu'il cherche le *signe* (non pas le *modèle* [2]) dans de nombreuses expériences artistiques, qui sont pour la plupart – mais non exclusivement – « primitives ».

D'où sa tendance à l'« éclectisme » [3] artistique – « Daumier rencontre Giotto au Japon » [4], comme on a pu le dire –, à savoir ce manque de cohérence par rapport au primitivisme qu'on lui a souvent reproché [5] : un éclectisme qui, comme Merleau-Ponty l'écrivait, ne lui permet pas de poser « l'expression brute [...] *contre* l'art des musées ». De là, d'une manière plus générale, son inclination au « syncrétisme culturel » [6] qui, « dans l'esprit de la théosophie » [7], le conduit au fur et à mesure à la conception de l'unité de fond de toutes les religions, qui sous-tend beaucoup de ses tableaux tahitiens et qui est suggérée dans le manuscrit portant le titre *L'esprit moderne et le catholicisme* [8].

Évidemment il ne suffit certes pas de professer ce syncrétisme culturel et cet esprit théosophique pour pouvoir, selon la

---

1. *Ibid.*, p. 177.

2. « Il est bon pour les jeunes gens d'avoir un modèle, mais qu'ils tirent le rideau sur lui pendant qu'ils le peignent » (P. Gauguin, « Cahier pour Aline », dans *Oviri. Écrits d'un sauvage, op. cit.*, p. 91).

3. K. Varnedoe, art. cit., p. 185.

4. *Ibid.* La référence va au passage suivant des « Diverses choses » : « Croquis japonais, estampes d'Hokusaï, lithographies de Daumier, [cruelles observations] de Forain, école de Giotto, groupés en ce recueil [en un album], non par hasard, de par ma [bonne] volonté, tout à fait intentionné. Parce que d'apparences différentes je veux en démontrer les liens de parenté » (P. Gauguin, *Oviri. Écrits d'un sauvage, op. cit.*, p. 162).

5. *Cf.* K. Varnedoe, art. cit., p. 185 *sq.*

6. *Ibid.*, p. 191.

7. *Ibid.*

8. P. Gauguin, *L'esprit moderne et le catholicisme*, éd. par P. Verdier, « Wallral-Richartz Jahrbuch », XLVI, 1985, p. 273-328. Je remercie vivement Elizabeth C. Childs pour m'avoir envoyé cette édition du manuscrit.

formule de Benedetto Croce, « ne pas se professer chrétien ». Cependant, dans les œuvres de Gauguin, la chair des femmes tahitiennes ne paraît pas vraiment une chair chrétienne, malgré les références au christianisme que le peintre introduit parfois dans ses tableaux et qu'on peut plutôt reconduire à l'inclination syncrétique qu'on vient de rappeler. En reprenant une formule que Derrida applique à Nancy, je dirais plutôt que, justement au nom d'une telle inclination, Gauguin semble engager son parcours pictural dans une « *déconstruction de la 'chair' chrétienne* »[1] tout à fait originale.

## Gauguin et la « déconstruction de la "chair" chrétienne »

C'est justement en prenant cette direction que Gauguin me semble s'engager dans un détour caractéristique à travers la pierre ou le bois. Dans ses œuvres, en effet, les corps des femmes tahitiennes, même de celles qui sont dessinées ou peintes, sont des corps *sculpturaux*. « Forme sculpturale » est du reste l'expression qu'il utilise lui-même sur le volet de la première page du manuscrit de *Noa Noa* pour désigner la parenté *charnelle* qu'il croit entrevoir entre le corps de la femme du roi Pomaré et le front d'un temple[2]. Dans *Noa Noa*, encore à propos de la femme qu'il se prépare à peindre dans *Vahine no te tiare* (1891), il écrit que sa bouche lui apparaît

---

1. J. Derrida, *Le toucher, Jean-Luc Nancy, op. cit.*, p. 247. De son coté, Jean-Luc Nancy explique qu'à son avis le christianisme se déconstruit « en tant qu'il se défait de la religion, de sa légende et de sa croyance » (J.-L. Nancy, *Visitation (de la peinture chrétienne)*, Paris, Galilée, 2001, p. 45 ; *cf.* aussi *ibid.*, p. 50).
2. Ce volet est reproduit dans P. Gauguin, *Noa Noa*, trad. it. de E. Fezzi, dans E. Fezzi et F. Minervino (a cura di), « *Noa Noa* » e il primo viaggio a Tahiti di Gauguin, « Introduzione » de M. Sanson, Milano, Rizzoli, 1974, p. 134.

« modelée par un sculpteur »[1], de même que, un peu plus loin, il observe, à propos de Tehamana, que son corps lui rappelle « une parfaite idole »[2]. Et dans une lettre à André Fontainas du mois de mars 1889, il recourt au terme « statuaire » pour qualifier la « rigidité » de certaines « figures animales », en le reliant, d'une manière significative, à « je ne sais quoi d'ancien, d'auguste, de religieux dans le rythme de leur geste, dans leur immobilité rare »[3]. Mais le fait de *pourchasser la chair dans sa parenté avec la pierre ou le bois* pour en retrouver la sacralité primitive devient une véritable déclaration d'intention explicite là où, en annonçant dans les « Diverses choses » « le tableau que je veux faire » – comme l'on sait, un tableau non exécuté –, Gauguin explique : « La figure principale sera *une femme se transformant en statue, conservant la vie pourtant, mais devenant idole* »[4].

Ici c'est donc jusqu'à la *con-fusion impossible* avec le sculptural, que Gauguin se propose de pourchasser le charnel, avec le but de lui reconquérir une sacralité primitive en montrant la co-appartenance de ce qui est animé et de ce qui est inanimé. C'est dans ce sens qu'il semble viser à « déconstruire » ce que Derrida définissait comme les « ineffaçables connotations » chrétiennes de la chair, grâce à un détour à travers la pierre ou le bois, un détour de nature à restituer à cette chair une sacralité – qu'on le remarque bien – non seulement sauvage, mais, tout à la fois, grecque aussi. En effet, on connaît tout

---

1. P. Gauguin, *Noa Noa*, Paris, G. Crès et C., 1929, p. 109.
2. *Ibid.*, p. 119.
3. P. Gauguin, *Lettres de Gauguin à sa femme et à ses amis*, recueillis et préfacées par M. Malingue, Paris, Grasset, 1946, p. 288.
4. P. Gauguin, « Diverses choses », dans *Oviri. Écrits d'un sauvage*, *op. cit.*, p. 165 (*je souligne*).

autant l'intolérance de Gauguin vers l'art grec entendu comme *modèle obligé* que sa tendance à en faire une de ses nombreuses sources d'inspiration, comme dans le cas d'*Eh quoi, tu es jalouse?* (1892), où « la figure centrale est empruntée de la statue de Dionysos, dont Gauguin a emporté la photo à Tahiti »[1].

La présence de l'art grec parmi les sources d'inspiration utilisées par Gauguin confirme du reste son éclectisme, qui à son tour semble obéir aux intentions de fond de ce syncrétisme culturel à travers lequel il se proposait de mettre en évidence le lien souterrain qu'il entrevoyait entre la culture tahitienne et « d'autres cultures plus grandes »[2]. Il est évident qu'à cette intention correspond une attention particulière envers les religions polythéistes, telles que, justement, la grecque et la tahitienne. Il n'est pas moins évident que cette attention ne fait qu'un avec la tentative de Gauguin, à laquelle on a déjà fait allusion, de puiser dans une sacralité primitive, laquelle – explique-t-il dans « L'église catholique et les temps modernes »[3] – ne fait pas de Dieu une invention pour résoudre « l'insondable mystère »[4]. Il n'est pas moins évident non plus que cette attention pour les religions polythéistes et cette tentative de puiser dans une sacralité primitive, à leur tour, ne font qu'un avec l'engagement à réaliser la « déconstruction

---

1. A. G. Barskaja – M. A. Bessanova, *Capolavori impressionisti e postimpressionisti dai musei sovietici*, Milano, Electa, 1983, p. 66. Au même sujet *cf.* aussi B. Dorival, *Sources of the Art of Gauguin from Java, Egypt and Ancient Greece*, « Burlington Magazine », n. 577, April 1951, p. 118-122, en particulier p. 121-122.

2. K. Varnedoe, art. cit., p. 190.

3. *Cf.* les extraits de P. Gauguin, « L'église catholique et les temps modernes », dans *Oviri. Écrits d'un sauvage, op. cit.*, p. 198-202.

4. *Ibid.*, p. 199.

de la "chair" chrétienne » qui lui est propre. Comme Jean-Luc Nancy nous le rappelle, en effet, dans le monothéisme chrétien l'homme-Dieu est celui qui, d'un côté se manifeste et de l'autre se retire. À l'inverse, les divinités tahitiennes, comme celles des Grecs, disposent de la « propriété essentielle » que Nancy indique dans le polythéisme : « La multiplicité des dieux fait leur visibilité, même potentielle ou travestie, ainsi que leur présence. L'art du polythéisme donne la vision des dieux, celui du monothéisme rappelle l'invisibilité du dieu retiré dans son unicité » [1].

Somme toute, Nancy met en évidence la *visibilité* différente des divinités polythéistes, d'une part, et du dieu chrétien – « présent/caché et se présentant caché » [2] – ainsi que des religions monothéistes en général, d'autre part. À ce sujet, il faut rappeler encore une fois que c'est justement par la « visibilité » que Merleau-Ponty caractérise ce que nous l'avons entendu appeler « chair », précisant que cette visibilité ne se limite pas au simple ensemble des visibles qui composent ce qu'il appelle « la visibilité première » [3], mais embrasse également les lignes de force et les dimensions que les visibles suggèrent en donnant vie à une « visibilité seconde » [4] entremêlant et entourant la première.

## voilé et opaque : de la visibilité en peinture

C'est donc le thème de la visibilité de la chair en peinture qui s'ouvre à l'intérieur du discours qui nous retient ici, c'est-

---

1. J.-L. Nancy, *Le regard du portrait*, Paris, Galilée, 2000, p. 66.
2. J.-L. Nancy, *Visitation (de la peinture chrétienne)*, *op. cit.*, p. 48.
3. *Ibid.* p. 195.
4. *Ibid.*

à-dire le thème qui dans la tradition est précisément indiqué par le terme « incarnat ». À ce propos, il me semble important de souligner au préalable, comme l'a fait Georges Didi-Huberman, que ce terme d'incarnat, même s'il est utilisé pour désigner la représentation picturale de la *peau*, d'une façon paradoxale n'est pas composé à partir de ce dernier, mais justement à partir du mot « chair »[1]. En outre, le discours que j'ai tenu jusqu'ici impose de se demander s'il y a un caractère particulier de l'incarnat dans la peinture chrétienne. Il est évident qu'à une telle question, la réponse ne peut qu'être tout au plus tendancielle. La caractérisation du monothéisme chrétien par Jean-Luc Nancy, que je viens de rappeler, peut nous aider à trouver cette réponse : si en effet « le dieu chrétien "proprement" (religieusement) dit » est « présent/caché et se présentant caché », il me semble alors possible d'affirmer tout d'abord que, dans la peinture chrétienne, l'incarnat *tend* à présenter un divin qui se retire. Plus précisément, il en présente le « retrait »[2]. J'ajoute que, précisément dans son effort de caractériser la peinture chrétienne, Nancy concentre, d'une part, son attention sur l'« exposition de la peau ou du voile »[3], et nous rappelle, de l'autre, que, dans le passage de la visibilité du polythéisme grec à celle du monothéisme chrétien,

1. « Il faut donc s'interroger sur cet *incarnat*, à commencer par l'impossible départage du mot. *In*, est-ce dedans, est-ce dessus ? Et la *carne*, la chair, n'est-ce pas ce qui désigne en tout cas le sanglant absolu, l'informe, l'intérieur du corps, par opposition à sa blanche surface ? Alors pourquoi *les chairs* se trouvent-elles constamment invoquées, dans les textes des peintres, pour désigner leur Autre, c'est-à-dire *la peau* ? » (G. Didi-Huberman, *La peinture incarnée*, Paris, Minuit, 1985, p. 22). Nancy ajoute : « La peinture est l'art des corps, parce qu'elle ne connaît que la peau, elle est peau de part en part » (J.-L. Nancy, *Corpus*, op. cit., p. 17).
2. J.-L. Nancy, *Le regard du portrait*, op. cit., p. 65.
3. J.-L. Nancy, *Visitation (de la peinture chrétienne)*, op. cit., p. 46.

Plotin occupe une position décisive. En effet, on sait que Plotin célèbre le sensible seulement dans la mesure où celui-ci ne cesse de renvoyer à une *altérité* suprasensible, en ouvrant ainsi à l'homme – comme le souligne de manière significative Erwin Panofsky – « une perspective sur le monde des Idées, mais en même temps [en] la lui *voil[ant]* »[1]. C'est justement une telle conception du « voile » du sensible qui semble passer dans l'incarnat de la peinture chrétienne : ici la peau est voile – au lieu de « ce grain serré qui arrête l'exploration », qui au contraire définit « la chair du sensible » d'après Merleau-Ponty[2] – puisqu'elle se présente à notre regard illuminée par un principe divin, dont, en même temps, elle nous cache la source.

Cette démarche nous permet dès lors, par opposition, de mieux voir opérer la « déconstruction de la 'chair' chrétienne » dans laquelle la peinture de Gauguin semble engagée.

Grâce à un détour à travers la pierre ou le bois, elle redonne en effet à la peau cette opacité que la dernière phrase de Merleau-Ponty citée voulait aussi évoquer : on peut indiquer comme exemple le corps de Tehamana dans *Manao Tupapau* (1892), qui par l'opacité de sa peau brune rappelle – comme par le passage du négatif au positif – celui, à la peau très blanche mais non moins opaque, de l'*Olympia* de Manet que Gauguin admirait tellement[3]. Et redonner à la peau une telle opacité signifie, à bien y regarder, redonner à la peau son *unité avec la chair*, en

---

1. E. Panofsky, *Idea. Contribution à l'histoire du concept de l'ancienne théorie de l'art*, trad. fr. de H. Joly, Paris, Tel-Gallimard, 1983, p. 47-48 (*je souligne*).
2. M. Merleau-Ponty, *Signes*, p. 211.
3. Kirk Varnedoe écrit que dans *Manao Tupapau* Tehamana s'avère être « une variante de l'*Olympia* de Manet, renversée et rendue exotique pour lui donner un charme plus docile » (K. Varnedoe, art. cit., p. 199).

lui niant ainsi le statut de simple « enveloppe » des corps avec lequel, justement pour cette raison, une grande partie de la peinture moderne – comme Merleau-Ponty nous l'a rappelé – a cherché à rompre. D'autre part, redonner à la chair son *unité avec la peau* signifie la délivrer à son tour de la connotation d'intériorité qui a produit sa spiritualisation ambiguë, propre à la considérer comme précairement habitée par le principe divin – « présent/caché et se présentant caché » – autrement dit « âme ». Rendre à la peau son opacité signifie enfin rendre à la chair sa consistance, de façon à éviter de réduire l'incarnat à un voile qui, en présentant une lumière métaphysique, ne peut que présenter, en même temps, son retrait. La peinture chrétienne semble au contraire *s'être faite* de cette dernière tendance, en nous renvoyant par là même à une *chute* eschatologique *du voile*, c'est-à-dire en renvoyant eschatologiquement à la pleine visibilité de ce dieu qui ne cesse de se retirer « dans son unicité ».

C'est grâce au détour par la pierre ou le bois que Gauguin cherche au contraire à relancer une sacralité de la Nature en tant qu'être sauvage auquel et l'animé et l'inanimé appartiennent et dans lequel ils *s'*appartiennent réciproquement, donc en tant que chair de leur visibilité commune, qui – comme « visibilité première » aussi bien que « seconde » – ne renvoie de toute façon pas à un principe métaphysique et ne promet aucune *chute* eschatologique *du voile*. Il s'agit donc d'une visibilité qui, conjuguant l'enseignement des religions polythéistes à la sensibilité occidentale de la « mort de dieu »[1],

---

1. Cette sensibilité émerge d'une manière fort évidente dans « L'église catholique et les temps modernes ». *Cf.* P. Gauguin, *Oviri. Écrits d'un sauvage*, *op. cit.*, en particulier p. 198-199.

proclame plutôt – comme Nietzsche le fait dans la « Préface à la deuxième édition » (1886) du *Gai Savoir*, citée par Merleau-Ponty dans son dernier cours – que « nous ne croyons plus que la vérité demeure vérité si on lui enlève son voile » [1].

Ou mieux, le fait même de hiérarchiser une « visibilité première » du visible lui-même et une « seconde », celle de son halo d'invisible, bien que chez Merleau-Ponty il ait seulement une valeur heuristique, semble confesser son caractère *civilisé* vis-à-vis de l'effort de Gauguin de re-créer une façon de voir « primitive », dans laquelle cette hiérarchie ne peut qu'apparaître problématique. Ce sont des œuvres comme *La vision du sermon* (1888) et, encore une fois, *Manao Tupapau* qui l'exemplifient d'une manière particulièrement évidente. Dans ces œuvres, en effet, l'élément magique-religieux – l'hallucination des paysannes bretonnes autant que celle de Tehamana – est *présent* sur la toile en étant intention-nellement indistinct du sensible même [2]. De telles œuvres parviennent ainsi à *rendre visible*, dans toute son efficacité, la co-présence du réel et de l'imaginaire. Et le fait de montrer cette co-présence signifie revendiquer une fois encore l'*actualité* de la dimension mythique-symbolique – de « l'être sauvage » – dont se nourrit la sacralité primitive.

À bien voir, c'est justement à l'intérieur d'une telle co-présence du réel et de l'imaginaire que se donne aussi la co-appartenance de l'animé et de l'inanimé. C'est à son tour dans cette dernière que plonge ses racines, entre autres, l'animisme

1. *Cf.* M. Merleau-Ponty, *Notes des cours au Collège de France 1958-1959 et 1960-1961*, p. 277 (*je souligne*). *Cf.* F. Nietzsche, *Le gai savoir*, trad. fr. de A. Vialatte, Paris, Gallimard, 1950, p. 15.
2. À ce sujet *cf.* K. Varnedoe, art. cit., p. 183-184 et p. 199-200.

qui est rappelé opportunément à propos de l'hallucination de Tehamana dans *Manao Tupapau* [1]. Mais, pas moins que l'animisme, c'est encore dans la co-appartenance de l'animé et de l'inanimé que la notion de « chair du monde » élaborée par Merleau-Ponty semble aussi enfoncer ses racines. De cette manière, elle se révèle être tout autre chose que la « figure chrétienne » dénoncée par Derrida.

C'est aussi en tant que recherche de racines de ce genre, donc, que l'œuvre de Gauguin, à travers son détour par la pierre ou le bois, m'a paru engagée dans une « déconstruction de la "chair" chrétienne » si caractéristique. Ce détour, en effet, fait émerger des connotations primitives même dans les références chrétiennes de ses tableaux polynésiens, achevant de cette manière une recherche qu'on peut découvrir aussi dans des tableaux peints par Gauguin en Bretagne, comme *Calvaire breton* (1889), où le groupe des personnages sacrés évoque la figure d'un totem. Et il ne me semble pas inutile de faire remarquer que le totémisme puise dans le même être sauvage auquel la notion de « chair du monde » semble renvoyer [2].

Plutôt que chrétienne, cette notion se présente donc comme une *figure philosophique du primitivisme* que, comme Merleau-Ponty le soulignait exactement dans la phrase que j'ai citée au début, « notre temps a privilégié ». Elle constitue

---

1. *Cf.* K. Varnedoe, art. cit., p. 199.
2. Cela est d'ailleurs confirmé là où Merleau-Ponty s'arrête sur les caractères des masques eskimo par de remarques qui renvoient précisément à la notion de « chair du monde ». *Cf.* M. Merleau-Ponty, *La Nature*, p. 269 note *a*, p. 270 et p. 277 note *a* ainsi que note 1.
Pour une interprétation du totémisme chez les Maori qui me semble aller dans la même direction, *cf.* S. Dunis, *Sans tabou ni totem*, Paris, Fayard, 2003, en particulier le chapitre X, p. 409-436.

en particulier une figure philosophique plus proche du primitivisme de Gauguin que de celui de la génération cubiste suivante, s'il est vrai que cette dernière « aurait utilisé le primitivisme comme arme contre les ambiguïtés et les mystères mêmes de la pénombre qui pour Gauguin étaient si séduisants »[1].

Merleau-Ponty, pour sa part, réaffirmant la co-présence ambiguë du réel et de l'imaginaire, écrit :

> Nos relations de la veille avec les choses et surtout avec les autres ont par principe un caractère onirique : les autres nous sont présents comme des rêves, comme des mythes[2].

Gauguin semble, à sa façon, vouloir préciser qu'une telle *présence* – terme qui, nous l'avons vu, souligne chez Nancy la visibilité différente des divinités polythéistes par rapport aux dieux des religions monothéistes – caractérise ces relations en tant qu'elle caractérise, avant tout et surtout, notre relation avec « l'insondable mystère » résumé dans les trois questions : *D'où venons-nous ? Que sommes-nous ? Où allons-nous ?*

1. K. Varnedoe, art. cit., p. 201.
2. M. Merleau-Ponty, *Résumés de cours*, p. 69.

# *« rendre visible » :*
## *Merleau-Ponty et Paul Klee*

## la visibilité de l'invisible

*Sichtbarmachen* : « rendre visible ». Les termes essentiels de la célèbre phrase par laquelle Paul Klee ouvrait en 1920 son *Crédo du créateur* –« L'art ne reproduit pas le visible; il rend visible »[1] – reviennent s'inscrire six ans plus tard à côté d'un dessin qui, sous forme vaguement anthropomorphe, paraît figurer une porte autour de laquelle semble non pas se fermer un mur, mais s'ouvrir un ciel étoilé. Si l'art peut en effet rendre visible, c'est, il faut le souligner, qu'il y a bien une *visibilité de l'invisible*, lequel se donne à voir dans la *genèse* même du visible, c'est-à-dire quand celui-ci se trouve à l'« état naissant ». Comme le notait Merleau-Ponty dans les notes préparatoires d'un de ses derniers cours, Klee écrivait ainsi dans le *Crédo du créateur* que « [l]'œuvre d'art également est au premier chef genèse [*Auch das Kunstwerk ist in erster Linie Genesis*] »[2].
Voici donc ce que l'artiste tente d'apercevoir, expliquait Klee quatre ans plus tard, dans un passage de la conférence au titre

---

1. P. Klee, « Credo du créateur » (1920), dans *Théorie de l'art moderne*, éd. P.-H. Gonthier, Paris, Gallimard, 1998, p. 34-42, ici p. 34.
2. *Ibid.*, p. 38. *Cf.* également M. Merleau-Ponty, *Notes des cours au Collège de France 1958-1959 et 1960-1961*, p. 56, note *a*.

significatif *Sur l'art moderne*, qui a été transcrit lui aussi par Merleau-Ponty : l'artiste

> scrute alors d'un regard pénétrant les choses que la nature lui a mises toutes formées sous les yeux. Plus loin plonge son regard et plus son horizon s'élargit du présent au passé. Et plus s'imprime en lui, au lieu d'une image finie de la nature, celle – la seule qui importe – de la création comme genèse [1].

« Saisir le sens du monde ou de l'histoire à l'état naissant » est également l'objectif que Merleau-Ponty non seulement attribuait à la phénoménologie et à lui-même, mais qu'il allait jusqu'à identifier avec « l'effort de la pensée moderne », ou mieux, contemporaine [2]. Dans un tel effort, il incluait sans nul doute également la recherche picturale de Klee, avec laquelle il se découvre être, au fil du temps, en profonde convergence [3].

---

1. P. Klee, *Théorie de l'art moderne*, *op. cit.*, p. 15-33, ici p. 28. *Cf.* M. Merleau-Ponty, *Notes des cours au Collège de France 1958-1959 et 1960-1961*, p. 58. Sur les problèmes philosophiques soulevés par cette déclaration, *cf.* E. Franzini, *I simboli e l'invisibile. Figure e forme del pensiero simbolico*, Milano, il Saggiatore, 2008, qui la cite à la p. 101 et la commente aux pages suivantes.

2. Pour la dernière citation *cf.* M. Merleau-Ponty, *Phénoménologie de la perception* (1945), Paris, Gallimard, 1992, p. XVI. Quant à moi, je pense que les dynamiques de changement auxquelles Merleau-Ponty se réfère au cours de son œuvre concernent une époque qui est encore la nôtre ; c'est pourquoi je la qualifierai de « contemporaine ». Je caractériserai de la même manière les symptômes culturels qui, à mon avis, signalent de telles dynamiques, même s'ils sont définis comme « modernes » par la tradition de leur discipline propre ou par les auteurs qui les ont étudiés. Par contre, j'appellerai « moderne » le paradigme culturel que ces dynamiques tendent à mettre en cause.

3. Au sujet de cette convergence, certains des motifs relatifs au thème du visible sont rappelés par C. Fontana dans son essai « Fenomenografie. Paul Klee e il segreto pittografico della creazione », *in* C. Fontana (a cura di), *Paul Klee. Preistoria del visibile*, Milano, Silvana Editoriale, 1996, p. 97-98. D'autres motifs, concernant la couleur, font l'objet de l'article de G. A. Johnson, « Thinking in Color : Merleau-Ponty and Paul Klee », *in* V. M. Fóti (ed.), *Merleau-Ponty : Difference, Materiality, Painting*, New Jersey, Humanities Press, 1996, p. 169-176, ainsi que des motifs, concernant le temps

Dans le cadre des notes préparatoires pour le cours de 1958-59 sur « La philosophie aujourd'hui », auquel je faisais allusion plus haut, Merleau-Ponty dédie en janvier 1959 à cette recherche un ensemble consistant de notes, basées essentiellement sur l'ouvrage de Grohmann[1], qui l'amèneront à la question : « Pourquoi [cette] insistance sur Klee ? »[2], après avoir implicitement indiqué qu'une de ses réponses réside précisément dans le thème, cher à Klee, de la « saisie de la genèse »[3].

L'expression « visibilité de l'invisible », évoquée précédemment, est propre à Merleau-Ponty. Elle apparaît dans le dernier résumé achevé par lui, au terme de son cours au Collège de France de 1959-1960 intitulé « Nature et logos : le corps humain ». Bien qu'il ne le déclare pas ouvertement, à travers une telle expression Merleau-Ponty pensait de toute évidence caractériser sa propre recherche philosophique, dédiée désormais explicitement à l'élaboration d'une « nouvelle ontologie ».

Comme l'on a déjà dit dans le premier chapitre, ce projet trouvait ses racines et ses raisons dans la « réhabilitation ontologique du sensible ». C'est précisément cette réhabilitation qui lui semblait impliquer – selon les mots du résumé déjà cité

---

de l'œuvre d'art, font l'objet d'un autre article de G. A. Johnson, « Présence de l'œuvre, un passé qui ne passe pas : Merleau-Ponty et Paul Klee », *Alter*, n. 16, 2008, p. 227-242 ; en outre, des motifs concernant cette fois le beau font l'objet du chapitre intitulé « Paul Klee : Mortal Beauty » du livre du même auteur, *The Retrieval of the Beautiful : Thinking Through Merleau-Ponty's Aesthetics*, Evanston, Northwestern University Press, 2010, p. 103-141.

1. *Cf.* M. Merleau-Ponty, *Notes des cours au Collège de France 1958-1959 et 1960-1961*, p. 52-61, ainsi que W. Grohmann, *Paul Klee*, trad. fr. de J. Descoullayes et J. Philippon, Paris, Flinker, 1954.

2. M. Merleau-Ponty, *Notes des cours au Collège de France 1958-1959 et 1960-1961*, p. 61.

3. *Ibid.*, p. 58.

– « une philosophie de la chair comme visibilité de l'invisible »[1], une philosophie, donc, qui – à la lumière de cette réhabilitation – parviendrait à reconsidérer le problème même de la relation entre sensible et intelligible.

On sait que le platonisme codifia ce problème en procédant à une dévaluation ontologique du sensible ainsi qu'à son opposition à l'intelligible, une opposition à son tour reliée à celle de deux modalités de vision : la vision charnelle limitée à la vision du monde sensible et la vision intellectuelle contemplant au contraire le monde des idées.

Poser une « réhabilitation ontologique du sensible » signifie donc, de toute évidence, vouloir s'éloigner de cet héritage (comme du reste vouloir « rendre visible » la « création comme genèse », telle que l'envisageait Klee) et reconsidérer la relation entre sensible et intelligible. Merleau-Ponty y travaillait à l'instant même de sa mort. C'est en effet sur ce point que s'interrompent les pages du manuscrit de l'ouvrage en cours d'écriture, *Le visible et l'invisible*.

La direction dans laquelle cet ouvrage se serait engagé est indiquée par les notes des derniers cours que Merleau-Ponty donna au Collège de France, qui explorent – le fait est significatif – le « concept de Nature », d'une part, et la « possibilité de la philosophie aujourd'hui »[2], d'autre part.

En regard de la question théorique ici examinée, les notes préparatoires pour le cours intitulé « L'ontologie cartésienne et l'ontologie aujourd'hui » sont particulièrement éclairantes. En effet, ces notes font émerger les axes de développement que Merleau-Ponty aurait suivis dans sa nouvelle articulation

1. *Cf.* M. Merleau-Ponty, *Résumés de cours*, p. 178.
2. *Ibid.*, p. 141.

ontologique de la relation entre sensible et intelligible : des axes qu'il considérait comme étant *à l'œuvre* − bien que philosophiquement non explicités − dans l'ontologie contemporaine.

Au centre de ces axes de développement, une notion se voit enfin thématisée qui auparavant − et même dans des textes tardifs − circulait avec insistance mais restait toujours à l'état implicite (elle n'est formulée qu'une seule fois dans *L'œil et l'esprit*[1]) et qui pourtant se révèle être *centrale* pour une « philosophie de la chair comme visibilité de l'invisible ». Il s'agit de la notion désignée par le terme de *voyance*, qui indique le don de la « double vue ». Dans la tentative d'en comprendre pleinement la portée, je la rapprocherai (non sans avoir rappelé − du moins rapidement − le dessin général du cours à l'intérieur duquel elle se situe) des notes dédiées, deux ans plus tôt, à la recherche picturale de Paul Klee.

## l'*ut pictura poesis* aujourd'hui

Comme je l'ai indiqué, et comme l'indique d'ailleurs déjà son titre même, ce cours de 1960-61 a pour but de chercher − notamment par contraste avec l'ontologie cartésienne − une formulation philosophique de l'ontologie contemporaine, ontologie qui, selon Merleau-Ponty, a trouvé son expression, jusqu'à présent, surtout dans l'art et, tout spécialement, dans la littérature.

La première étape de son parcours consistera donc dans une exploration du paysage de l'« ontologie contemporaine » qui se serait spontanément et implicitement développée

1. *Cf.* M. Merleau-Ponty, *L'œil et l'esprit*, p. 41.

précisément dans l'art et dans la littérature : « dans la littérature notamment »[1], souligne Merleau-Ponty à un certain moment, avec une précision qui relativise, une fois pour toutes, le rôle de référence exclusive que certains avaient attribué à la peinture dans la dernière phase de sa philosophie.

L'exploration du champ artistique se concentre néanmoins sur la peinture, et parcourt à nouveau l'itinéraire déjà tracé par Merleau-Ponty l'été précédent avec la rédaction de *L'œil et l'esprit*, au sein duquel la pensée picturale de Klee occupait une place centrale[2]. À son tour, l'exploration du champ littéraire se propose d'affronter l'œuvre de Proust ainsi que celles de Valéry, de Claudel et de certains représentants de la « littérature récente »,[3] comme Saint-John Perse et Claude Simon[4].

Bien qu'elle n'ait pas été explicitement prévue dans ce programme, une autre référence littéraire viendra jouer un rôle central dans la définition du paysage ontologique contemporain. Il s'agit de la *Lettre du voyant* d'Arthur Rimbaud,

1. M. Merleau-Ponty, *Notes des cours au Collège de France 1958-1959 et 1960-1961*, p. 391.
2. « Les quatre volumes des *Carnets* de Klee ont été rangés et publiés en allemand en 1956, en 1959 parut la traduction française lue par Merleau-Ponty. En écrivant *L'œil et l'esprit* en 1960, Merleau-Ponty étudia les *Carnets* de Klee et cet artiste émerge comme l'une des plus puissantes nouvelles voix dans la théorie de la peinture et de la *Naturphilosophie* tardive de Merleau-Ponty » (G. A. Johnson, « Thinking in Color : Merleau-Ponty and Paul Klee », art. cit., p. 170).
3. M. Merleau-Ponty, *Notes des cours au Collège de France 1958-1959 et 1960-1961*, p. 191.
4. Cf. *ibid.*, p. 391. « Au total – remarque Merleau-Ponty un peu plus loin – Proust : les essences charnelles ; Valéry : la conscience n'est pas dans l'immanence, mais dans la vie ; Claudel : la simultanéité, le plus réel est *au-dessous* de nous ; St J Perse : la Poésie comme éveil à l'Être ; Cl. Simon : la zone de la crédulité et la zone de l'être sensible. [Il y a] renversement des rapports du visible et de l'invisible, de chair et esprit ; découverte d'une signification comme nervure de l'Être plein ; dépassement de l'insularité des esprits » (*ibid.*, p. 392).

que Merleau-Ponty rejoint à travers une déclaration de Max Ernst qui assimile la tâche actuelle du peintre à celle que justement le manifeste rimbaldien attribuait au poète. La voici : « De même que le rôle du poète depuis la célèbre lettre du voyant consiste à écrire sous la dictée de ce qui se pense, ce qui s'articule en lui, le rôle du peintre est de cerner et de projeter ce qui se voit en lui » [1].

La *voyance* finit ainsi par nommer le « nouveau nœud entre l'écrivain et le visible » [2] qui est lié pour Merleau-Ponty à la « recherche » qualifiée par lui de « moderne » (mais qu'il faudrait plutôt comprendre, on l'a déjà dit, comme contemporaine), et qui retrouve par là « la Renaissance par-dessus Descartes » [3]. Les modernes, écrit-il en effet, « retrouvent Renaissance par idée magique de visibilité. C'est la chose qui se fait voir (dehors et dedans), là-bas et ici » [4]. Les pages presque contemporaines de la « Préface » pour *Signes* contribuent à clarifier en quoi consiste cette « idée magique de visibilité » :

> Les choses et le monde visible [...] sont toujours derrière ce que j'en vois, en horizon, et ce qu'on appelle visibilité est cette transcendance même. Nulle chose, nul côté de la chose ne se montre qu'en cachant activement les autres, en les dénonçant dans l'acte de les masquer [5].

1. G. Charbonnier, *Le Monologue du peintre I*, Paris, Julliard, 1959, p. 34.La déclaration de Max Ernst est déjà évoquée dans *Le visible et l'invisible*, p. 261, et citée dans *L'œil et l'esprit*, p. 30-31. À ce propos, je me permets de renvoyer à mon livre *La visibilité de l'invisible. Merleau-Ponty entre Cézanne et Proust*, Hildesheim, Olms, 2001, p. 110-118.
2. M. Merleau-Ponty, *Notes des cours au Collège de France 1958-1959 et 1960-1961*, p. 190.
3. *Ibid.*, p. 175.
4. *Ibid.*, p. 390.
5. M. Merleau-Ponty, *Signes*, p. 29.

Merleau-Ponty considère donc que la littérature de notre époque renoue avec une telle « idée magique de visibilité » et se caractérise par conséquent – selon l'indication de Rimbaud – comme *voyance*. De fait, Léonard, avance-t-il, « revendique la voyance *contre* la poésie »[1] qui demeurerait, contrairement à la peinture, « incapable de la "simultanéité" »[2], incapable donc de nous apprendre – selon la définition prégnante de *L'œil et l'esprit* – que des « êtres différents, "extérieurs", étrangers l'un à l'autre, sont pourtant absolument *ensemble* »[3]. Les modernes par contre, note Merleau-Ponty, « font de la poésie aussi une voyance »[4], en montrant qu'elle est, à l'instar de la peinture, « capable de simultanéité ».

Tandis que Descartes réduit la vision à une *pensée* qui serait tout autant stimulée par les images que par les signes et les mots, Merleau-Ponty fait l'hypothèse que le « dévoilement de la "voyance" dans l'art moderne – voyance qui n'est pas [la] pensée cartésienne – a peut-être [un] analogue dans arts de la parole »[5], et par conséquent que « Peut-être faut-il, non pas ramener [la] vision à [la] lecture de signes par [la] pensée, mais inversement retrouver dans la parole une transcendance de même type que dans vision »[6]. C'est en fin de compte juste-

---

1. M. Merleau-Ponty, *Notes des cours au Collège de France 1958-1959 et 1960-1961* p. 183.
2. *Ibid.*, p. 175.
3. M. Merleau-Ponty, *L'œil et l'esprit*, p. 84. Quant à l'expression littéraire de la simultanéité, celle-ci est analysée en particulier par Merleau-Ponty à partir de la phrase par laquelle se conclut la *Recherche* (cf. *Notes des cours au Collège de France 1958-1959 et 1960-1961*, p. 197) ainsi qu'à partir des pages de Claudel (cf. *ibid.*, p. 198 *sq.*) et de Claude Simon (cf. *ibid.*, p. 204 *sq.*), comme il est indiqué *supra* dans la citation de la note 4, p. 70.
4. *Ibid.*, p. 183.
5. *Ibid.*, p. 182-183.
6. *Ibid.*, p. 183.

ment à ce projet que Rimbaud aurait fourni une contribution décisive.

La voyance – qui, dans le renvoi réciproque entre perception et imaginaire, « nous rend présent ce qui est absent »[1] – en vient alors à caractériser la vision, en posant que celle-ci n'est pas, en termes heideggériens, une *Vor-stellung*, c'est-à-dire « une opération de pensée qui dresserait devant l'esprit un tableau ou une représentation du monde »[2] et donc une opération d'*assujettissement*. Il faudrait plutôt dire que voir consiste à *seconder* – un verbe qui dit l'indistinction entre activité et passivité – l'*auto-monstration* de l'univers sensible au sein duquel nous nous trouvons nous-mêmes et qui est parcouru par un pouvoir analogisant[3] – le même que celui qu'évoquaient les *Correspondances* de Baudelaire – en vertu duquel les corps et les choses se rappellent réciproquement, nouant des relations inédites, inventant des lignes de force et de fuite : en dessinant en somme un « Logos du monde esthétique »[4],

1. M. Merleau-Ponty, *L'œil et l'esprit*, p. 41.

2. Cf. *ibid.*, p. 17. Christine Buci-Glucksmann souligne comment Merleau-Ponty contribue à élaborer, avec la notion de voyance, un « Voir qui excède la vue, un visuel affranchi du seul cadre optique-représentatif » (C. Buci-Glucksmann, *La folie du voir. De l'esthétique baroque*, Paris, Galilée, 1986, p. 70).

3. Il est significatif que, dans *L'œil et l'esprit*, l'univers sensible soit défini comme « monde onirique de l'analogie » (M. Merleau-Ponty, *L'œil et l'esprit*, p. 41).

4. Cf. E. Husserl, *Logique formelle et logique transcendantale. Essai d'une critique de la raison logique* (1929), trad. fr. de S. Bachelard, « Épiméthée », Paris, P.U.F., 1957, p. 386. On rappellera que Rimbaud théorise à son tour le devenir *voyant* du poète « à travers un long, immense et raisonné dérèglement de *tous les sens* » (A. Rimbaud, *Œuvres complètes*, éd. A. Adam, « Bibliothèque de la Pléiade », Paris, Gallimard, 1972, p. 249), que Merleau-Ponty commentera de la façon suivante : « Il ne s'agit pas de ne plus penser – le dérèglement des sens est [de] rompre les cloisons entre eux pour retrouver leur indivision – Et par là, une pensée *non mienne, mais leur* » (M. Merleau-Ponty, *Notes des cours au Collège de France 1958-1959 et 1960-1961*, p. 186, je souligne). Pour une confrontation à laquelle cela peut ouvrir, on rappellera également comment

d'après l'expression husserlienne souvent reprise par Merleau-Ponty, et qui implique une reconsidération radicale de la relation entre le sensible et l'intelligible.

La caractérisation du voir comme un *seconder de l'intérieur* est en singulière consonance avec ce « *gegenständliche Jawort* » de la part de l'artiste qui est évoqué par Paul Klee dans sa conférence *Sur l'art moderne* et cité ensuite par Merleau-Ponty[1]. À une telle caractérisation peut également contribuer, à mon sens, l'expression heureuse que Paul Claudel choisit pour titre d'un livre qui n'a jamais cessé d'attirer l'attention de Merleau-Ponty – ce n'est pas un hasard qu'il soit évoqué jusque dans les pages qui sont ici en question – ainsi que, plus généralement, l'attention de l'esthétique phénoménologique française. Il s'agit de *L'œil écoute*[2] : expression qui refuse synesthésiquement toute séparation analytique entre les champs sensoriels et, en particulier, entre la prétendue activité du voir et la prétendue passivité de l'écouter[3].

Gilles Deleuze voyait dans cette formule rimbaldienne un résumé possible de la *Critique du Jugement* : la « formule d'un Kant profondément romantique » (G. Deleuze, *Critique et clinique*, Paris, Minuit, 1993, p. 47).

1. *Cf.* P. Klee, « Sur l'art moderne » (1924), dans *Théorie de l'art moderne, op. cit.*, p. 78, trad. fr. p. 24 (« cet acquiescement à l'objet »). Le *Jawort* signifie en allemand un « oui » au sens d'un assentiment matrimonial. *Cf.* également M. Merleau-Ponty, *Notes des cours au Collège de France 1958-1959 et 1960-1961*, p. 59, note a.

2. P. Claudel, *L'œil écoute* (1946), Paris, Gallimard, 1990. Dans la partie de ces notes de cours dédiée à Claudel – inclus parmi les écrivains qui « reprennent, d'une manière plus violente, la même entreprise » de Proust – et, en se référant en particulier à *L'œil écoute*, Merleau-Ponty remarque : « antiplatonisme : certes, le visible n'est pas tout – mais ce qui est plus vrai que lui, c'est son double ou ombre » (M. Merleau-Ponty, *Notes des cours au Collège de France 1958-1959 et 1960-1961*, respectivement p. 198 et p. 201 *sq.*).

3. A ce propos, voir également M. Dufrenne, *L'œil et l'oreille*, Montréal, Éditions de l'Hexagone, 1987, p. 115.

Dans la mesure où la voyance offre une telle caractérisation du voir, elle contribue à nommer la « mutation dans les rapports de l'homme et de l'Être » que Merleau-Ponty confesse pressentir, dans *L'œil et l'esprit*, « quand il confronte massivement un univers de pensée classique avec les recherches de la peinture moderne »[1]. C'est encore la même mutation que, dans une note de travail pour *Le visible et l'invisible*, il voit se manifester également dans la « musique atonale », assimilée à la « peinture sans choses identifiables, sans la *peau* des choses, mais donnant leur *chair* »[2], autrement dit — les notes de cours dédiées à Paul Klee le précisent — à une peinture « différente des apparences [...] [p]arce qu'elle donne ce que la nature veut dire et ne dit pas : le "principe générateur" qui fait être les choses et le monde »[3].

La mutation pressentie par Merleau-Ponty consiste en fait en une donation *charnelle* des rapports entre l'homme et l'Être. C'est pourquoi elle ne se laisse aucunement exprimer dans le langage de la conscience, de la représentation, de l'opposition entre sujet et objet. En effet, la littérature contemporaine se serait liée au visible par ce « nouveau nœud » qu'on peut précisément nommer la « voyance ».

Ainsi, après avoir examiné la conception du langage dont témoigne la lettre de Descartes adressée à Mersenne le 20 novembre 1629 au sujet de l'idée d'une langue universelle[4]

---

1. M. Merleau-Ponty, *L'œil et l'esprit*, p. 63.

2. M. Merleau-Ponty, *Le visible et l'invisible*, p. 272. Le parallélisme entre musique et peinture contemporaine est développé par Merleau-Ponty dans les *Notes des cours au Collège de France 1958-1959 et 1960-1961*, p. 61-64.

3. M. Merleau-Ponty, *Notes des cours au Collège de France 1958-1959 et 1960-1961*, p. 56.

4. *Cf.* la lettre à Mersenne du 20 novembre 1629, dans R. Descartes, *Œuvres*, éd. Adam-Tannery, Paris, Vrin, 1996, vol. I, p. 76-82.

et après y avoir aperçu « l'équivalent de [la] théorie de la perspective »[1], Merleau-Ponty évoque d'autre part la conception contemporaine du langage. Selon lui, celle-ci caractérise le langage « non comme instrument où la pensée serait comme le pilote en son navire – mais, sorte d'union substantielle de [la] pensée et [du] langage – Langage non gouverné, doué d'une efficacité propre »[2]. D'une telle conception, la *Lettre du voyant* est l'emblème, dès lors que l'autonomie du langage y est poussée jusqu'à proclamer le devenir « voyance » de la poésie : Rimbaud est par conséquent jugé être une « étape éclatante dans un devenir de la littérature qui a commencé avant et continue après lui »[3]. « Peut-être – poursuit Merleau-Ponty en faisant écho à cette « mutation dans les rapports de l'homme et de l'Être » dont *L'œil et l'esprit* voit un témoignage dans la peinture –, changement du rapport avec l'être chez l'écrivain depuis le romantisme »[4] : un changement, on l'a dit, dans le rapport entre la visibilité de l'un et la parole de l'autre qui, loin de viser la signification[5], se « mélange » aux choses et, comme le bois qui, chez Rimbaud, « se trouve violon », devient l'emblème sensible du sensible même[6].

---

1. M. Merleau-Ponty, *Notes des cours au Collège de France 1958-1959 et 1960-1961*, p. 183. Cette équivalence est déjà affirmée dans *L'œil et l'esprit*, p. 44, note 13 : « les systèmes de moyens par lesquels elle [*scil.* : la peinture] nous fait voir est objet de science. Pourquoi donc ne produirions-nous pas méthodiquement de parfaites images du monde, une peinture universelle délivrée de l'art personnel, comme la langue universelle nous délivrerait de tous les rapports confus qui traînent dans les langues existantes ? ».

2. M. Merleau-Ponty, *Notes des cours au Collège de France 1958-1959 et 1960-1961*, p. 186.

3. *Ibid.*, p. 187.

4. *Ibid.*

5. Cf. *ibid.*, p. 189.

6. Cf. *ibid.*, p. 186 et, pour la citation de Rimbaud, *cf.* la lettre de ce dernier *À Georges Izambard*[(13) mars 1871], considérée comme l'incunable de la *Lettre du voyant*, dans

La « transcendance de même type que dans vision » dont nous avons entendu Merleau-Ponty enregistrer l'exigence contemporaine de la "retrouver dans la parole" et qu'il reconnait dans la poétique rimbaldienne de la voyance – bref, la transcendance de la voyance – est donc, non pas une « vue seconde » dirigée vers l'intelligible, mais une vision qui, dans le visible, voit l'invisible, et qui partant nous fait rencontrer, dans la trame même de la musique ou de la parole littéraire, de même que dans le voile du visible, l'invisible de l'idée qui y transparaît. Si donc Christine Buci-Glucksmann a pu écrire que « la *Voyance* – celle qui nous rend présent ce qui est absent – définit tout à la fois *le lieu de l'art et l'accès à l'Être*, le surgissement simultané d'une esthétique et d'une "ontologie" » [1], on peut souligner, à la lumière des observations que nous avons pu faire jusqu'ici, comment *ce double surgissement*

A. Rimbaud, *Œuvres complètes*, op. cit., p. 248-49. On rappellera que dans la conférence de 1951 *L'homme et l'adversité*, reprise plus tard dans *Signes*, Merleau-Ponty anticipe déjà cette opinion sur les expériences poétiques inaugurées par la *Lettre du voyant*, déclarant parmi d'autres choses qu'« il y a longtemps, dans la littérature, que le langage ordinaire est récusé. Si divergentes qu'elles aient pu être, les entreprises de Mallarmé et de Rimbaud avaient ceci de commun qu'elles délivraient le langage du contrôle des "évidences" et se fiaient à lui pour inventer et conquérir des rapports de sens neufs. Le langage cessait donc d'être pour l'écrivain (s'il l'a jamais été) simple instrument ou moyen pour communiquer des intentions données par ailleurs. A présent, il fait corps avec l'écrivain, il est lui-même. Le langage n'est plus le serviteur des significations, il est l'acte même de signifier et l'homme parlant ou l'écrivain n'a pas plus à le gouverner volontairement que l'homme vivant à préméditer le détail ou les moyens de ses gestes. [...] L'écrivain, comme professionnel du langage, est un professionnel de l'insécurité » (M. Merleau-Ponty, *Signes*, op. cit., p. 295). Pour ouvrir d'autres espaces de comparaison encore, on peut signaler l'intérêt pour Rimbaud manifesté par Heidegger, dont témoignent certains textes nés de l'échange avec René Char. Parmi ceux-ci, *cf.* en particulier M. Heidegger, « Rimbaud vivant », trad. fr. de R. Munier, dans M. Haar (dir.), *Heidegger*, « Cahier de l'Herne », Paris, L'Herne, 1983, p. 110-111.
1. C. Buci-Glucksmann, *La folie du voir. De l'esthétique baroque*, op. cit., p. 71.

*est* également *accompagné de celui d'une gnoséologie* dès lors que la voyance définit également « une *Wesensschau toute virtuelle* en même temps que *toujours déjà au travail* dans l'intuition (ou dans la vision, ou plus généralement l'appréhension) de tel ou tel phénomène »[1].

La voyance, qui dans l'étant voit en somme se profiler son Être, vient ainsi se configurer comme la *Wesensschau* d'une pensée qui n'est pas *kosmotheoréin*, mais qui est indissociable de la vision sensible : une *Wesensschau*, donc, précisément *charnelle*[2] : voilà l'idéalité charnelle à laquelle je faisais allusion dans le premier chapitre et que nous allons examiner de plus près dans les chapitres suivants sous le nom d'« idée sensible ».

## faire de la philosophie dans un monde baroque

La « mutation dans les rapports de l'homme et de l'Être » que Merleau-Ponty remarque dans le lien qu'à notre époque l'écrivain, ainsi que le peintre, établirait avec le visible, exige de trouver aussi une expression philosophique adéquate. Celle-ci suppose de repenser l'idée même de philosophie. Merleau-Ponty suggère bien, en effet − à la lumière de ce qu'indiquent ces notes de cours − de la repenser − et non pas l'abandonner, évidemment − en faisant appel aux expériences

---

1. M. Richir, *Essences et "intuition" des essences chez le dernier Merleau-Ponty*, dans *Phénomènes, temps et êtres. Ontologie et phénoménologie*, Grenoble, Millon, 1987, p. 79.
2. Il faut rappeler à ce propos la critique du « mythe » husserlien d'une *Wesensschau* désincarnée − c'est-à-dire opérée par un « pur spectateur » − que Merleau-Ponty développe dans le chapitre « Interrogation et intuition » du *Visible et l'invisible*, en part. p. 155. D'autre part, une note de travail du même ouvrage indique que « voir, c'est cette sorte de pensée qui n'a pas besoin de penser pour posséder le *Wesen* » (*ibid.*, p. 301).

en vertu desquelles l'art et la littérature ont su exprimer une telle mutation avant et mieux que la philosophie.

Cette dernière, affirme une note de travail du *Visible et l'invisible* qui tente d'en réélaborer l'idée, « fait voir par des mots. Comme toute la littérature » [1]. Selon cette idée donc, la philosophie tendrait, tout comme la littérature contemporaine, à établir un « nouveau nœud » avec le visible de façon à pouvoir *sichtbar machen* – « rendre visible » – par lui.

Or, comment se configure ce « faire voir par des mots » qui, dans l'optique merleau-pontienne, caractérise la philosophie en la rapprochant de la littérature ? Merleau-Ponty explique dans *Le visible et l'invisible* à propos de ce qu'il appelle, en usant d'un terme consciemment inadéquat, « objet » de la philosophie :

> L'être effectif, présent, ultime et premier, la chose même, sont par principe *saisis par transparence* à travers leurs perspectives, ne s'offrent donc qu'à quelqu'un qui veut, non *les avoir*, mais *les voir*, non les tenir comme entre des pinces, ou les immobiliser comme sous l'objectif d'un microscope, mais *les laisser être* et assister à leur être continué, qui se borne à leur rendre le creux, l'espace libre qu'ils redemandent, la résonance qu'ils exigent [2].

Dans ce passage d'une grande densité, l'attitude de la philosophie par rapport à son propre « objet » est qualifiée de « voir », et ce dernier est caractérisé d'une façon analogue à celle que j'ai précédemment identifiée comme un *seconder de l'intérieur*. En effet, un tel voir implique le renoncement aux

---

1. M. Merleau-Ponty, *Le visible et l'invisible*, p. 319.
2. *Ibid.*, p. 138 (*je souligne*).

prétentions de possession intellectuelle du *Begriff*[1], et ne fait qu'un avec le « laisser-être ». Cette expression – qui n'est pas l'unique marque d'inspiration heideggérienne dans ce texte – est par ailleurs reprise quelques lignes plus bas pour qualifier la perception elle-même, dans une phrase où cette dernière est définie, de manière significative, de « pensée interrogative » :

> Il faut comprendre la perception comme cette pensée interrogative qui laisse être le monde perçu plutôt qu'elle ne le pose, devant qui les choses se font et se défont dans une sorte de glissement, en deçà du oui et du non[2].

Selon une telle optique, on peut affirmer que, dans la caractérisation de la philosophie comme un « faire voir par des mots », ce voir doit être compris comme un équivalent de « saisir par transparence » la pensée du sensible – ou le logos du monde esthétique – en la *laissant être* (« l'œil qui écoute » est précisément l'œil qui laisse être) et en lui rendant ainsi, au sein d'une réduction phénoménologique jamais totalement accomplie, « la résonance qu'elle exige ». En tant que « faire voir par des mots », le langage est en effet la résonance du silence dans lequel le sensible habite et dont le langage même s'alimente, sans qu'il ait jamais la prétention d'observer du dehors, de n'être pas impliqué, puisque, pour Merleau-Ponty, le langage philosophique non plus « ne résorbe sa propre contingence, ne se consume pour faire paraître les choses

---

1. Dans les notes de cours sur Paul Klee, tout en remarquant que l'« ironie » du peintre « pourrait également être une philosophie » (implicite, cela va de soi), Merleau-Ponty s'interroge : « Y a-t-il *possession* de l'être par la philosophie ? » (M. Merleau-Ponty, *Notes des cours au Collège de France 1958-1959 et 1960-1961*, p. 58).
2. M. Merleau-Ponty, *Le visible et l'invisible*, p. 138.

mêmes »[1]. « Faire voir par des mots », c'est alors un *seconder de l'intérieur*, à travers l'œuvre de *création* des mots eux-mêmes, la manifestation du logos sensible[2], en même temps en manifestant le fait d'*en être*.

Si donc, dans les notes de cours que nous avons examinées, Merleau-Ponty considère que l'art et la littérature ont su exprimer plus tôt et mieux que la philosophie « la mutation dans les rapports de l'homme et de l'Être » à l'œuvre dans notre époque, c'est en d'autres termes parce que l'art et la littérature ont su, selon lui, seconder de l'intérieur – plus tôt et mieux que la philosophe – la manifestation du sensible, *en laissant être* sa « logique d'implication ou de promiscuité »[3], dans laquelle « tout rapport à l'être est *simultanément* prendre et être pris »,[4] plutôt que de superposer à cette logique la logique antithétique de la représentation, à laquelle en revanche la philosophie demeure encore pour une grande partie inféodée. C'est en effet très précisément la logique classique du voir compris comme un représenter amenant

---

1. M. Merleau-Ponty, *Le langage indirect et les voix du silence*, dans *Signes*, p. 127.

2. En ce sens, une telle œuvre de création – Merleau-Ponty l'écrit dans une note de travail au titre significatif : « Philosophie et littérature » – « est donc création dans un sens radical : création qui en même temps est adéquation, la seule manière d'obtenir une adéquation » (M. Merleau-Ponty, *Le visible et l'invisible*, *op. cit.*, p. 251). Au sujet des affinités entre cette conception de la création et celle du « rendre visible » de Klee, on consultera C. Fontana, « Fenomenografie. Paul Klee e il segreto pittografico della creazione », art. cit., p. 99 *sq.*

3. M. Merleau-Ponty, *Résumés de cours*, p. 71.

4. M. Merleau-Ponty, *Le visible et l'invisible*, p. 319. *Cf.* également cette autre phrase, souvent citée, du *Visible et l'invisible* : « celui qui voit ne peut posséder le visible que s'il en est possédé, s'il *en est* » (*ibid.*, p. 177-178) : cette phrase me semble confirmer comment le problème n'est pas tellement, pour Merleau-Ponty, de parvenir à une révocation de toute volonté de possession, mais plutôt celui de parvenir à la reconnaissance d'une réciprocité originaire et irréductible de cette possession.

devant soi, qui sous-tend encore la configuration du concept selon laquelle le sujet *saisit* en pensée la représentation universelle de l'objet face à lui.

Dans la dernière page de l'essai *Le philosophe et son ombre*, Merleau-Ponty semble repérer dans la (prétendue) frontalité représentative de la perspective de la Renaissance l'emblème d'une telle logique de la représentation[1], tandis qu'il assimile plutôt l'être du sensible à un « monde baroque » (et l'on retrouve également ici, en suivant Deleuze, Paul Klee[2]), en y reconnaissant un « sens de configuration » dont l'autre sens, défini entre guillemets comme « "sens théorétique" » – mais qu'il faut entendre comme *kosmothéorétique* – « ne nous donne pas idée »[3].

Dans un autre essai repris dans *Signes*, celui qui est intitulé *Partout et nulle part*[4], Merleau-Ponty va même jusqu'à ajouter que le « problème philosophique » de notre époque consiste-rait à « ouvrir le concept sans le détruire »[5], de façon à permettre d'en sauver – suggère-t-il un peu plus loin – « la

---

1. *Cf.* le passage cité *supra*, p. 50, note 1. En outre, on gardera à l'esprit la comparaison déjà rappelée qu'établi Merleau-Ponty entre la théorie de la prospective de la Renaissance et l'idée cartésienne d'une langue universelle (cf. *supra*, p. 76, note 1).
2. Deleuze souligne en effet l'« affinité » entre Klee et le baroque (G. Deleuze, *Le pli. Leibniz et le Baroque*, Paris, Minuit, 1988). Pour l'inspiration baroque qui relie Deleuze et Merleau-Ponty, *cf.* P. Gambazzi, « La piega e il pensiero. Sull'ontologia di Merleau-Ponty », *autaut*, n. 262-263, 1994, p. 21-47. A son tour, Christine Buci-Glucksmann a thématisé les rapprochements possibles entre l'ontologie esthétique du « dernier » Merleau-Ponty et l'esthétique ontologique du baroque. *Cf.* C. Buci-Glucksmann, *La folie du voir. De l'esthétique baroque, op. cit.*, en part. p. 73 et p. 85-86.
3. M. Merleau-Ponty, *Signes*, p. 228.
4. Composée de six sections qui constituaient la préface et les introductions à cinq chapitres de l'œuvre collective *Les philosophes célèbres*, Paris, Mazenod, 1956, publiée sous la direction de Merleau-Ponty.
5. M. Merleau-Ponty, *Signes*, p. 224.

rigueur »¹ tout en abandonnant la prétention à une « possession intellectuelle du monde »². Peut-être faudrait-il alors penser cette « ouverture » du concept d'après la configuration baroque du sensible, selon laquelle tout prendre est simultanément un être pris, et tout sentir un laisser-être, en désavouant par là les prétentions du *Begriff* à la « possession intellectuelle du monde » et en amenant la conceptualité à parler enfin de cette « passivité de notre activité » dont – comme une note de travail du *Visible et l'invisible* le souligne – « la philosophie n'a jamais parlé »³.

Il n'est dès lors guère fortuit que l'on ait pu rappeler à propos d'un théoricien du baroque comment le terme de « concept », dans son étymologie latine, fut relié à une aire sémantique dont on trouve encore les traces dans la direction que la pensée de Merleau-Ponty semble indiquer. Si en effet, dans le mot allemand *Begriff*, « l'acte de la compréhension est étymologiquement rattaché au *greifen*, à la préhension, au sens de la saisie, dans le mot latin *conceptus*, par contre, l'acte de la compréhension est étymologiquement dérivé de *cum-capio*, qui signifie "prendre" au sens d'"accueillir" »⁴, ce qui indiquerait un *prendre ensemble*, un prendre qui est *simultanément* un être pris. En ce sens, comprendre ne voudrait pas dire s'approprier quelque chose, mais bien seconder de l'intérieur sa manifestation. Dans le même sens, on pourrait encore retrouver cette

1. *Ibid.*
2. *Ibid.*
3. M. Merleau-Ponty, *Le visible et l'invisible*, p. 274.
4. M. Perniola, « Presentazione », in B. Gracián, *Agudeza y arte de ingenio* (1648), trad. it. de G. Poggi, Palermo, Aesthetica, 1986, p. 19. *Cf.* également le rapprochement entre Merleau-Ponty et Gracián qu'opère C. Buci-Glucksmann, *La folie du voir. De l'esthétique baroque*, *op. cit.*, p. 85.

alternative dans les termes par lesquels Jacques Taminiaux a caractérisé l'imagination kantienne en tant que créatrice des idées esthétiques : « Créer n'est pas faire au sens d'as-sujettir, c'est consentir »[1].

1. J. Taminiaux, « Les tensions internes de la *Critique du Jugement* », dans *La nostalgie de la Grèce à l'aube de l'idéalisme allemand. Kant et les Grecs dans l'itinéraire de Schiller, de Hölderlin et de Hegel*, La Haye, M. Nijhoff, 1977, p. 61. Sur ce même sujet, je me permets de renvoyer de nouveau à mon livre *La visibilité de l'invisible. Merleau-Ponty entre Cézanne et Proust*, *op. cit.*, p. 151-170.

## *le philosophe et le cinéaste*
### *Merleau-Ponty et la pensée du cinéma*

## faire voir au lieu d'expliquer : la convergence historique entre cinéma et philosophie

En 1948 Maurice Merleau-Ponty recueille dans le volume intitulé *Sens et non-sens* les principaux articles qu'il avait écrits au cours des années précédentes, en les organisant en trois sections qu'il intitule respectivement « Ouvrages », « Idées », « Politiques ».

Dans les quatre textes qui composent la première section, et qui avaient été publiés dans des revues entre 1945 et 1947, il souligne la convergence profonde de certaines expériences artistiques (la peinture dans *Le doute de Cézanne*, le cinéma dans l'essai qui lui est consacré, la littérature dans *Le roman et la métaphysique*, qui commente *L'Invitée* de Simone de Beauvoir, et dans *Un auteur scandaleux*, écrit pour défendre Sartre) avec la psychologie qu'il qualifie de « nouvelle » – et qu'il tend à identifier avec la psychologie de la forme – ainsi qu'avec la philosophie contemporaine.

Merleau-Ponty voit cette convergence se manifester autour des thèmes de notre rapport au monde et de notre rapport à autrui.

Quant au premier thème, Merleau-Ponty ouvre l'essai intitulé « Le cinéma et la nouvelle psychologie »[1] – qui est le texte de la conférence donnée en 1945 à l'Institut des Hautes Études Cinématographiques de Paris – en soulignant que la psychologie qu'il qualifie de « classique » tend à donner le premier rôle, dans notre connaissance sensible, aux *sensations*, conçues comme les effets *ponctuels* d'autant d'excitations locales que l'intelligence et la mémoire auraient la tâche de composer *par la suite* dans un tableau unitaire, tandis que la « nouvelle psychologie » montre qu'il faut plutôt considérer comme *première* la *perception*, entendue comme appréhension sensible d'un phénomène dans son ensemble :

> La perception analytique, qui nous donne la valeur absolue des éléments isolés, correspond donc à une attitude tardive et exceptionnelle, c'est celle du savant qui observe ou du philosophe qui réfléchit ; la perception des formes, au sens très général de : structure, ensemble ou configuration, doit être considérée comme notre mode de perception spontané[2].

Sur cette base, la « nouvelle psychologie » met en évidence le caractère *synesthésique* de la perception, en vertu duquel il ne faut pas la considérer comme « une somme de données visuelles, tactiles, auditives », puisqu'elle « parle à la fois à tous mes sens »[3]. Plus généralement, Merleau-Ponty juge que la théorie de la forme (*Gestalttheorie*), « en rejetant résolument la notion de sensation, [...] nous apprend à ne plus distinguer

---

1. M. Merleau-Ponty, « Le cinéma et la nouvelle psychologie » (1947), dans *Sens et non-sens*, p. 61-75.
2. *Ibid.*, p. 62-63.
3. *Ibid.*, p. 63.

les signes et leur significations, ce qui est senti et ce qui est jugé » [1].

Quant au thème de notre rapport aux autres, dans ce cas-là aussi Merleau-Ponty estime que la « nouvelle psychologie » apporte « une conception neuve » de leur *perception*, sur la base de laquelle on doit rejeter « la distinction de l'observation intérieure ou introspection et de l'observation extérieure » [2], à savoir « il […] faut rejeter […] le préjugé qui fait de l'amour, de la haine ou de la colère des "réalités intérieures" accessibles à un seul témoin, celui qui les éprouve. » [3] En effet, selon Merleau-Ponty la « nouvelle psychologie » montre que « colère, honte, haine, amour ne sont pas des faits psychiques cachés au plus profond de la conscience d'autrui, ce sont des types de comportement ou des styles de conduite visibles du dehors » [4].

Or, « les remarques les meilleures des esthéticiens du cinéma » [5], juge Merleau-Ponty, convergent avec ces nouveautés de la psychologie. Il s'attache à les mettre en relief en considérant « le film comme un objet à percevoir » [6], c'est-à-dire – comme l'explique l'« Introduction » d'Enzo Paci à la traduction italienne de *Sens et non-sens* – en considérant « le cinéma […] comme une forme (au sens de *Gestalt*) en mouvement » [7].

---

1. *Ibid.*, p. 64.
2. *Ibid.*, p. 66.
3. *Ibid.*, p. 67.
4. *Ibid.*
5. *Ibid.*, p. 68.
6. *Ibid.*
7. E. Paci, *Introduzione* à M. Merleau-Ponty, *Senso e non senso*, trad. it. de P. Caruso, Milano, Il Saggiatore, 1962, ensuite Milano, Garzanti, 1974, p. 13.

À ce sujet, Merleau-Ponty précise : « un film n'est pas une somme d'images mais une *forme* temporelle » [1]. À l'intérieur de cette dernière, qui est caractérisée de manière essentielle par son *rythme*,

> le sens d'une image dépend donc de celles qui la précèdent dans le film, et leur succession crée une réalité nouvelle qui n'est pas la simple somme des éléments employés [2].

À l'appui d'une telle définition, Merleau-Ponty décrit une séquence cinématographique célèbre, mais désormais perdue, qu'il attribue à Vsevolod Pudovkine, mais qui avait été réalisée, en fait, par son maître Lev Koulechov – le fondateur, avec Dziga Vertov, du cinéma soviétique – afin de montrer le rôle créatif du montage, que Koulechov considérait comme le principal moyen d'expression du cinéma.

> Poudovkine prit un jour un gros plan de Mosjoukine impassible, et le projeta précédé d'abord d'une assiette de potage, ensuite d'une jeune femme morte dans son cercueil et enfin d'un enfant jouant avec un ourson de peluche. On s'aperçut d'abord que Mosjoukine avait l'air de regarder l'assiette, la jeune femme et l'enfant, et ensuite qu'il regardait l'assiette d'un air pensif, la femme avec douleur, l'enfant avec un lumineux sourire, et le public fut émerveillé par la variété de ses expressions, alors qu'en réalité la même vue avait servi trois fois et qu'elle était remarquablement inexpressive [3].

1. M. Merleau-Ponty, *Sens et non-sens*, p. 69.
2. *Ibid.*
3. *Ibid.*

Dans le bel essai où il commente le texte de Merleau-Ponty[1], Pierre Rodrigo pointe dans le passage cité plus haut « le cœur de l'argumentation de la conférence »,[2] en déplorant le fait que la référence « à cet aspect *spécifique* de l'art cinématographique qu'est le montage »[3] ouvre dans cette argumentation « une lacune évidente : rien n'y est dit du pouvoir signifiant de l'image *comme telle* »[4]. À son avis, l'argumentation merleau-pontienne repose sur le fait qu'il considère l'image « comme *l'atome* de sens auquel le montage aura affaire – à l'instar du *mot*, atome de sens dans la linguistique classique »[5]. C'est pourquoi, insiste-t-il encore, une telle argumentation, en absolutisant la leçon du cinéma muet soviétique, se concentre précisément sur le montage, à savoir sur le sens en tant qu'il émerge *parmi* les images, tout comme, dans une phrase, il le fait *parmi* les mots. Ce contre quoi il remarque qu'une image cinématographique, reconnue dans toute sa complexité expressive telle qu'elle sera exaltée par le cinéma parlant, « est une phrase, pas un mot »[6]

Sans aucun doute, on ne peut que partager complètement cette dernière affirmation. Néanmoins, l'argumentation développée par Merleau-Ponty dans sa conférence à l'IDHEC semble avoir de bonnes raisons.

---

1. *Cf.* P. Rodrigo, « Merleau-Ponty. Du cinéma à la peinture : le ″vouloir-dire″ et l'expression élémentaire » (2005), dans *L'intentionnalité créatrice. Problèmes de phéno-ménologie et d'esthétique*, *op. cit.*, p. 235-255, qu'on cite ici.

2. *Ibid.*, p. 250.

3. *Ibid.*

4. *Ibid.*, p. 252.

5. *Ibid.*, p. 253.

6. *Ibid.*

Laissons de côté le fait que le privilège assigné au montage par le cinéma muet soviétique n'est pas plus discutable que l'obsession du plan-séquence qui lui est opposée par André Bazin – qui fut le fondateur de la revue *Cahiers du cinéma*, ainsi que le père spirituel de la *Nouvelle vague* – et à laquelle Rodrigo fait écho [1]. Il faut pourtant remarquer, tout d'abord, que ce privilège apparaît comme particulièrement adapté à l'objectif déclaré de la conférence de Merleau-Ponty, qui est de montrer que « nous pouvons appliquer à la perception du film tout ce qui vient d'être dit de la perception en général », [2] comme le texte de la conférence le spécifie au début de sa seconde moitié, en déplaçant la réflexion de la « nouvelle psychologie » au cinéma. Certes, il est vrai que cette seconde moitié, en réalité, ne se limite pas du tout à « appliquer à la perception du film » les principes psychologiques exposés dans la première et que, au contraire, en se confrontant avec le cinéma, elle « transforme rétroactivement tout ce qui a pu être dit jusqu'alors » [3]. Pourtant, il n'est pas moins vrai que le montage cinématographique apparaît comme un exemple particulièrement efficace de ce caractère de nouveauté de la *Gestaltpsychologie* par lequel Merleau-Ponty avait ouvert son discours : « ce qui est premier et vient d'abord dans notre perception, ce ne sont pas des éléments juxtaposés mais des ensembles » [4].

Par ailleurs, tout de suite après avoir énoncé un tel caractère, Merleau-Ponty en fournit non seulement des exemples visuels,

---

1. Cf. P. Rodrigo, « Merleau-Ponty. Du cinéma à la peinture : le "vouloir-dire" et l'expression élémentaire », *op. cit.*
2. M. Merleau-Ponty, *Sens et non-sens*, p. 68.
3. C'est ce qui est souligné par J.-P. Charcosset, *Merleau-Ponty. Approches phénoménologiques*, Paris, Hachette, 1981, p. 23.
4. M. Merleau-Ponty, *Sens et non-sens*, p. 61.

mais aussi des exemples auditifs, en centrant ces derniers sur le cas de la mélodie, ce qui est bergsonien [1] avant même d'être gestaltiste :

> la mélodie n'est pas une somme de notes : chaque note ne compte que par la fonction qu'elle exerce dans l'ensemble [...]. Cette perception de l'ensemble est plus naturelle et plus primitive que celle des éléments isolés [2].

Et c'est précisément à l'exemple de la mélodie que Merleau-Ponty fait encore référence quand il en vient à parler de l'effet Koulechov. En effet, il l'introduit en soulignant justement que cet effet « met en évidence l'unité *mélodique* du film », [3] cherchant à souligner par là que le film, tout comme une mélodie musicale, est – on l'a déjà lu – « une *forme* temporelle » [4].

Par conséquent, en m'éloignant pour ma part du jugement de Rodrigo, il me semble que, lorsque Merleau-Ponty commente l'effet Koulechov, il n'est pas en train d'assimiler une image cinématographique à l'atome verbal d'une phrase mais plutôt à *une note musicale prise isolément*. Toutefois, considérer cette dernière d'une telle manière apparaît tout à fait abstrait. Du reste, même Swann, le protagoniste du premier volume de la *Recherche* proustienne, avait pu s'en rendre compte, dans des pages que Merleau-Ponty avait déjà mentionnées dans la

---

1. À ce sujet *cf.* J.-P. Sartre, « Défense et illustration d'un Art international » (1924 ou 1925), dans *Écrits de jeunesse*, édition établie par M. Contat et M. Rybalka, Paris, Gallimard, 1990, p. 390 : « On peut [...] appliquer [au cinéma] ce que Bergson dit ailleurs de la musique ».

2. M. Merleau-Ponty, *Sens et non-sens*, p. 62.

3. *Ibid.*, p. 69 (*je souligne*).

4. *Ibid.*

*Phénoménologie de la perception* [1], ouvrage qu'il avait publié durant la même année que celle où il donna la conférence à l'IDHEC. Proust écrivait dans ces pages :

> Quand après la soirée Verdurin, se faisant rejouer la petite phrase, il [*i.e.* : Swann] avait cherché à démêler comment à la façon d'un parfum, d'une caresse, elle le circonvenait, elle l'enveloppait, il s'était rendu compte que c'était au faible écart entre les cinq notes qui la composaient et au rappel constant de deux d'entre elles qu'était due cette impression de douceur rétractée et frileuse ; mais en réalité il savait qu'il raisonnait ainsi non sur la phrase elle-même, mais sur de simples valeurs, substituées pour la commodité de son intelligence à la mystérieuse entité qu'il avait perçue, avant de connaître les Verdurin, à cette soirée où il avait entendu pour la première fois la sonate [2].

Tout comme Swann, donc, Merleau-Ponty sait qu'il ne pourrait jamais rendre compte de ce qui donne effectivement son sens à l'unité expressive en question — la petite phrase musicale dans un cas, la séquence cinématographique dans l'autre — s'il en décomposait la « forme » (*Gestalt*, justement) pour analyser ses composantes particulières. En effet — comme nous l'avons déjà entendu l'expliquer — « La perception analytique, qui nous donne la valeur absolue des éléments isolés, correspond [...] à une attitude tardive et exceptionnelle, c'est celle du savant qui observe ou du philosophe qui réfléchit » [3] et sans doute pourrions-nous ajouter : celle du spécialiste d'esthétique

---

1. *Cf.* M. Merleau-Ponty, *Phénoménologie de la perception*, p. 253-254.
2. M. Proust, *Du côté de chez Swann*, dans *À la Recherche du temps perdu*, édition publiée sous la direction de J.-Y. Tadié, « Bibliothèque de la Pléiade », Paris, Gallimard, 1987, vol. I, p. 343.
3. M. Merleau-Ponty, *Sens et non-sens*, p. 62-63.

ou de cinéma. C'est précisément pour cette raison que, en considérant l'effet Koulechov, Merleau-Ponty entend mettre plutôt l'accent sur « la perception des formes, au sens très général de : structure, ensemble ou configuration, [qui] doit être considérée comme notre mode de perception spontané »[1]. De manière implicite, il contribue ainsi à libérer le cinéma de la lourde hypothèque qu'Henri Bergson avait fait peser sur lui – alors qu'il était né depuis une décennie à peine – au travers du jugement célèbre qu'il avait formulé dans le quatrième chapitre de *L'évolution créatrice*, où il avait mis lui aussi en parallèle notre perception et le fonctionnement du cinéma, mais pour désavouer la connaissance du devenir que l'une et l'autre prétendaient nous donner :

> Tel est l'artifice du cinématographe. Et tel est aussi celui de notre connaissance. Au lieu de nous attacher au devenir intérieur des choses, nous nous plaçons en dehors d'elles pour recomposer leur devenir artificiellement. Nous prenons des vues quasi instantanées sur la réalité qui passe, et, comme elles sont caractéristiques de cette réalité, il nous suffit de les enfiler le long d'un devenir abstrait, uniforme, invisible, situé au fond de l'appareil de la connaissance, pour imiter ce qu'il y a de caractéristique dans ce devenir lui-même. Perception, intellection, langage procèdent en général ainsi. Qu'il s'agisse de penser le devenir, ou de l'exprimer, ou même de le percevoir, nous ne faisons guère autre chose qu'actionner une espèce de cinématographe intérieur. On résumerait donc tout ce qui précède en disant que *le mécanisme de notre connaissance usuelle est de nature cinématographique*[2].

1. *Ibid.*, p. 63.
2. H. Bergson, *L'évolution créatrice* (1907), « Quadrige », Paris, P.U.F., 2007, p. 305 (*c'est l'auteur qui souligne*).

Prise à la lettre, cette dernière affirmation pourrait résumer le sens de la conférence de Merleau-Ponty, où il affirme en effet que « nous pouvons appliquer à la perception du film tout ce qui vient d'être dit de la perception en général ». Mais il est manifeste que Merleau-Ponty ne peut arriver à une conclusion si semblable à celle de Bergson *qu'en renversant* les prémisses : notre perception spontanée n'est pas analytique, mais synthétique et c'est *précisément pour cela* qu'on peut la considérer comme étant de nature cinématographique. En effet, dans son caractère synthétique sont à l'œuvre des dynamiques qui sont essentielles pour nous donner l'*unité* d'une forme perçue ainsi que celle d'une séquence cinématographique : loin d'être « artificieuses », comme Bergson tend à les considérer, elles contribuent donc à la *vérité* de nos perceptions.

À la lumière de tout cela, on peut sans doute mieux comprendre pourquoi la conférence de Merleau-Ponty ne se concentre pas sur le « pouvoir signifiant de l'image *comme telle* », pour reprendre les termes de la critique de Rodrigo. En effet, se concentrer sur cela voudrait dire manquer cette *spécificité* de l'expression cinématographique qui ne consiste pas tellement dans le montage, qui en est plutôt une conséquence, mais dans son caractère de « forme temporelle ». Aussi à travers son commentaire de l'effet Koulechov, c'est une telle spécificité que Merleau-Ponty vise ; c'est pourquoi il évite de se concentrer sur l'« l'image comme telle », puisque précisément cela en ferait l'élément « atomique » auquel Rodrigo lui reproche de la réduire.

Par contre, la caractérisation du film que Merleau-Ponty propose, bien loin de lui faire perdre l'attention pour les images, l'induit plutôt à souligner combien « la durée de chaque image »[1] est importante dans un film, à rappeler que « l'alternance des paroles et du silence est ménagée pour le plus grand effet de l'image »[2], bref, à mettre l'accent – en reprenant les termes de Maurice Jaubert – sur « le rythme interne de l'image »[3].

En effet, selon cette caractérisation du film, comme Jean-Pierre Charcosset l'explique,

> la perception d'une image [...] dépend elle-même de la perception de la séquence dans laquelle elle s'insère. A tel point que le même plan est perçu différemment selon les plans qui le précèdent et le suivent. Mais cette *Gestalt* est temporelle, non seulement dans la mesure où sa projection « prend du temps », mais surtout dans la mesure où le sens d'un plan varie en fonction de sa durée. D'où une première conséquence : la signification d'un film dépend moins des images qui le composent que du *rythme* de ses images[4].

Une telle conséquence en implique une autre, qui consiste à révéler le caractère de fiction qui sous-tend le réalisme apparent du film. « Ce qui entretient l'équivoque, c'est qu'il y a en effet un réalisme fondamental du cinéma », note Merleau-Ponty, « mais cela ne veut pas dire que le film soit destiné à nous faire voir et entendre ce que nous verrions et entendrions si nous assistions dans la vie à l'histoire qu'il nous raconte »[5]. Le caractère de fiction et le réalisme apparent du film sont alors lus selon une perspective qui se réfère de manière explicite

---

1. M. Merleau-Ponty, *Sens et non-sens*, p. 69.
2. *Ibid.*, p. 71.
3. *Ibid.*, p. 72.
4. J.-P. Charcosset, *Merleau-Ponty. Approches phénoménologiques, op. cit.*, p. 22.
5. M. Merleau-Ponty, *Sens et non-sens*, p. 72.

à l'esthétique de Kant. Plus particulièrement, la référence concerne la définition des « idées esthétiques » donnée au § 49 de la *Critique du Jugement* : élaborées par l'imagination de l'artiste et incarnées dans la beauté de l'œuvre qu'il a créée, les idées esthétiques donnent « beaucoup à penser » [1], sans être complètement conceptualisables et conceptuellement exprimables. Dans le cas du cinéma, selon l'interprétation de Merleau-Ponty, cela signifie que « le sens du film est incorporé à son rythme comme le sens d'un geste est immédiatement lisible dans le geste, et le film ne veut rien dire que lui-même. L'idée est ici rendue à l'état naissant » [2], à savoir à sa forme sans concept. L'idée s'avère par conséquent indiscernable de sa manifestation sensible :

> elle émerge de la structure temporelle du film, comme dans un tableau de la coexistence de ses parties. [...] Un film signifie comme nous avons vu plus haut qu'une chose signifie : l'un et l'autre ne parlent pas à un entendement séparé, mais s'adressent à notre pouvoir de déchiffrer tacitement le monde ou les hommes et de coexister avec eux [3].

Voilà donc revenue la conviction de Merleau-Ponty à propos de la convergence intime entre la « nouvelle psychologie » et certaines tendances artistiques et philosophiques de la même époque : leur intention commune semble être de nous *rapprendre à voir le monde*, d'après le mot célèbre par lequel Husserl définit la tâche de la phénoménologie et auquel Merleau-Ponty avait précédemment fait écho pour décrire précisément le but

---

1. I. Kant, *Critique de la faculté de juger* (1790), trad. fr. de A. Philonenko, Paris, Vrin, 1986, § 49, p. 143-144.
2. M. Merleau-Ponty, *Sens et non-sens*, p. 73.
3. *Ibid.*

de la « nouvelle psychologie » : « elle nous réapprend à voir ce monde avec lequel nous sommes en contact par toute la surface de notre être » [1]. Par la suite, l'écho du mot husserlien revient dans des termes qu'on peut significativement reconduire à l'expérience littéraire de Proust ou à l'expérience picturale de Paul Klee. En effet, le premier écrivait dans le volume initial de la *Recherche* à propos de la « petite phrase » de la sonate de Vinteuil : « Ces charmes d'une tristesse intime, c'était eux qu'elle essayait d'imiter, de recréer, et jusqu'à leur essence qui est pourtant d'être incommunicables et de sembler frivoles à tout autre qu'à celui qui les éprouve, la petite phrase l'avait captée, *rendue visible* » [2]. Et c'est par cette même expression que le second, on le sait, ouvrait son *Crédo du créateur* : « L'art ne reproduit pas le visible ; il rend visible ». De son côté, Merleau-Ponty s'achemine vers la conclusion de sa conférence sur *Le cinéma et la nouvelle psychologie* en proposant une idée de la philosophie qui anticipe sur celle qu'au cours du chapitre précédent nous avons rencontrée dans une note de travail du *Visible et l'invisible* :

> une bonne part de la philosophie phénoménologique ou existentielle consiste à s'étonner de cette inhérence du moi au monde et du moi à autrui, à nous décrire ce paradoxe et cette confusion, à faire *voir* le lien du sujet et du monde, du sujet et des autres, au lieu de l'*expliquer*, comme le faisaient les classiques, par quelques recours à l'esprit absolu [3].

---

1. *Ibid.*, p. 68.
2. M. Proust, *Du côté de chez Swann*, dans *À la Recherche du temps perdu*, *op. cit.*, p. 343 (*je souligne*).
3. M. Merleau-Ponty, *Sens et non-sens*, p. 74.

On a déjà laissé entendre que la conférence de Merleau-Ponty est divisée en deux parties, l'une consacrée à la nouvelle psychologie, l'autre au cinéma, distinctes entre elles typographiquement. Un intervalle typographique semblable signale la fin de sa seconde moitié et en annonce les conclusions. C'est à l'occasion de ces dernières que la phrase citée ci-dessus apparaît. Dans ces conclusions, un troisième personnage, qui avait jusque là gardé une position de spectateur, s'ajoute aux deux protagonistes conceptuels qui s'étaient partagé auparavant la scène : c'est la philosophie, justement. Pour mieux dire, ce sont « les philosophies contemporaines » [1], dont l'inspiration est décrite comme consistant en un accord spontané mais spécifique avec celles de la « nouvelle psychologie » et du cinéma – ce qui évoque, par contraste, la philosophie de Bergson qui, tout en n'étant jamais mentionnée au cours de la conférence, semble avoir suggéré à Merleau-Ponty le choix lui-même, apparemment singulier, d'y présenter les résultats de la « psychologie moderne » [2] à un public de futurs cinéastes, pour arriver de cette manière à réfuter devant eux le jugement tranchant de Bergson sur le cinéma.

À l'inverse, il se trouve que « la philosophie contemporaine » – c'est Merleau-Ponty qui est passé au singulier – se reconnaît dans des motivations, intérêts et styles de recherche solidaires de ceux de la « nouvelle psychologie » et du cinéma ; de ceux de ce dernier, en particulier, parce que la philosophie – explique-t-il – « ne consiste pas à enchaîner des concepts, mais à décrire le mélange de la conscience avec le monde,

---

1. M. Merleau-Ponty, *Sens et non-sens*.
2. *Ibid.*, p. 63.

son engagement dans un corps, sa coexistence avec les autres, et que ce sujet-là est cinématographique par excellence » [1].

En raisonnant rétrospectivement, Christian Metz commentera en ces termes ce texte, en 1964 :

> À la suite de la conférence de M. Merleau-Ponty sur « Le cinéma et la nouvelle psychologie », le film se voyait çà et là défini, ou du moins abordé, sous un angle que l'on a appelé « phénoméno-logique » : une séquence de cinéma, comme un spectacle de la vie, porte son sens en elle-même, le signifiant n'y est que malai-sément distinct du signifié. [...] Voilà une toute autre conception de l'agencement. Le cinéma, art « phénoménologique » par excellence, le signifiant coextensif à l'ensemble du signifié, le spectacle qui se signifie lui-même, court-circuitant ainsi le signe proprement dit... [2].

Metz poursuit en donnant une liste très longue de ceux qui auraient été influencés par une telle conception :

> voilà ce qu'ont dit – en substance – E. Souriau, M. Soriano, R. Blanchard, G. Marcel, G. Cohen-Séat, A. Bazin, M. Martin, A. Ayfre, G. A. Astre, A. J. Cauliez, B. Dort, R. Vailland, D. Marion, A. Robbe-Grillet, B. et R. Zazzo, et bien d'autres [...]. Il est possible que l'on ait été trop loin dans cette voie, probable même : le cinéma n'est tout de même pas la vie, c'est un specta-cle composé. Mais laissons pour l'heure ces réserves. Constatons simplement une convergence de fait dans l'évolution historique des idées sur le film [3].

1. *Ibid.*, p. 75.
2. C. Metz, « Le cinéma : langue ou langage ? » (1964), dans *Essais sur la signification au cinéma*, Paris, Klincksieck, tome I, 1968, 4ᵉ tirage 1978, p. 50. Je remercie Anna Caterina Dalmasso de m'avoir signalé ce passage.
3. *Ibid.*

Dans la perspective que Christian Metz voit ici ouverte par la conférence de Merleau-Ponty, il n'est pas difficile de reconnaître quelques-uns des caractères qui étaient entre-temps apparus, avec plus d'évidence, comme propres au cinéma de la *Nouvelle vague*. Par conséquent, il n'est pas surprenant de trouver citée dans un film de l'auteur le plus emblématique de cette *Nouvelle vague* la phrase par laquelle Merleau-Ponty, en concluant son discours, indiquait déjà la « convergence » que Metz évoquera quelque vingt ans après :

> Le philosophe et le cinéaste ont en commun une certaine manière d'être, une certaine vue du monde qui est celle d'une génération[1].

Le film où cette phrase apparaît est *Masculin Féminin*[2], dont l'auteur est, bien entendu, Jean-Luc Godard, et qui date de 1966. Durant cette même année, en France, on verra aussi la sortie du film *Au Hasard, Balthazar* de Robert Bresson, ainsi que la parution, dans le numéro 177 des *Cahiers du cinéma*, d'un texte intitulé « Le testament de Balthazar » et composé des « propos recueillis » par Godard lui-même et par Merleau-Ponty[3] : des réflexions sur le temps, l'altérité, la mort, le cogito, la liberté y sont attribuées à l'innocent âne, Balthazar, qui est le protagoniste du film de Bresson. Dans ces réflexions il est facile de reconnaître des passages tirés de la *Phénoménologie de la perception*, que nous savons être contemporaine de la

1. M. Merleau-Ponty, *Sens et non-sens*, p. 75.
2. *Cf.* S. Kristensen, « Maurice Merleau-Ponty, une esthétique du mouvement », *Archives de Philosophie*, 69, 2006, p. 137, note 31.
3. M. Merleau-Ponty et J.-L. Godard (propos recueillis par), « Le testament de Balthazar », *Cahiers du cinéma*, 177, 1966, p. 58-59. Je remercie Simone Frangi de m'avoir indiqué ce texte.

conférence donnée à l'IDHEC, alors même que, quand il apparaît comme le co-auteur du « Testament de Balthazar », Merleau-Ponty est en fait mort depuis cinq ans.

## la question du mouvement au cinéma

Mais revenons à la phrase de Merleau-Ponty à propos de la convergence générationnelle entre le philosophe et le cinéaste, qui suscitera l'enthousiasme de Godard, et essayons de suivre ses développements dans la réflexion merleau-pontienne ultérieure.

Il faudra attendre quelque quinze années avant de voir une telle hypothèse de l'affinité générationnelle – théoriquement très prudente et franchement un peu étroite – se modifier dans un sens explicitement ontologique : cela adviendra dans les notes préparées par Merleau-Ponty pour son cours intitulé « L'ontologie cartésienne et l'ontologie d'aujourd'hui » et interrompu par sa mort soudaine. Ces notes présentent le cours en soulignant que le sujet qui lui donne son titre

> n'est pas l'histoire de la philosophie au sens courant : ce qu'on a pensé, c'est : ce qu'on a pensé dans le cadre et l'horizon de ce qu'on pense – Evoqué pour faire comprendre ce qu'on pense – But : l'ontologie contemporaine – Partir d'elle puis aller à Descartes et cartésiens puis revenir à ce que peut être la philosophie aujourd'hui [1].

Ce cours veut en effet contribuer à donner une formulation philosophique à l'ontologie contemporaine, à « toute une

---

1. M. Merleau-Ponty, *Notes des cours au Collège de France 1958-1959 et 1960-1961*, p. 390-391.

philosophie spontanée, pensée fondamentale » [1] qui, jusqu'à présent, a trouvé son expression « dans la littérature notamment » [2] – on l'a déjà lu – mais aussi dans les arts, à propos des quels il spécifie entre parenthèses : « (peinture-cinéma) » [3], en ajoutant encore deux lignes plus bas : « André Bazin ontologie du cinéma » [4], et puis une dernière fois un peu plus bas encore :

> Dans les arts
> Cinéma ontologie du cinéma – Ex. la question du mouvement au cinéma [5].

Ces notes de cours promettaient donc de dépister, dans les expériences et les réflexions développées par le cinéma, des lignes de tendance convergentes avec celles qui ont été dessinées par la peinture et par la littérature contemporaines, en esquissant la « nouvelle ontologie » que Merleau-Ponty, par ce cours, visait à « formuler philosophiquement » [6]. Comme nous l'avons lu, il avait en particulier l'intention d'indiquer de telles lignes en prenant « la question du mouvement au cinéma » comme *exemplum*. Il n'est donc pas surprenant – mais plus intéressant encore – de relever que les

---

1. M. Merleau-Ponty, *Notes des cours au Collège de France 1958-1959 et 1960-1961*, p. 391. L'expression « pensée fondamentale » indique ici précisément une sorte de « philosophie spontanée », de « pensée de l'*Ungedachte* » (*ibid.*) où est opérant un rapport entre l'homme et l'Être que la pensée proprement philosophique n'a pas encore véritablement *pensé*.

2. M. Merleau-Ponty, *Notes des cours au Collège de France 1958-1959 et 1960-1961*, p. 391.

3. *Ibid.*

4. *Ibid.*

5. *Ibid.* Pour une première mise en perspective de la rencontre entre la naissance du cinéma et l'héritage de la pensée philosophique sur le mouvement, *cf.* P. Montebello, *Deleuze, philosophie et cinéma*, Paris, Vrin, 2008, p. 11-16.

6. M. Merleau-Ponty, *Notes des cours au collège de France 1958-1959 et 1960-1961*, p. 166.

deux autres petites traces de réflexions consacrées par le dernier Merleau-Ponty au cinéma concernent précisément cette question-là.

L'une de ces traces se trouve dans un chapitre du *Visible et l'invisible* qu'il remplaça lui-même par une version ultérieure et qui apparaît donc comme « annexe » à l'intérieur du volume posthume édité par Claude Lefort. La trace à laquelle je suis en train de faire allusion est composée de quelques lignes contournées, dans la première partie desquelles les raisons de la condamnation bergsonienne du cinéma semblent évoquées de manière critique :

> les images discontinues du cinéma ne prouvent rien quant à la vérité phénoménale du mouvement qui les relie aux yeux du spectateur, – ne prouvent pas même, d'ailleurs, que le monde vécu comporte des mouvements sans mobile : le mobile pourrait bien être projeté par celui qui perçoit [1].

L'autre trace consacrée au cinéma se situe à l'intérieur de la comparaison entre les différentes expressions artistiques du mouvement, qui est développée par Merleau-Ponty dans *L'œil et l'esprit*. Il écrit en effet ici que

> les photographies de Marey, les analyses cubistes, la *Mariée* de Duchamp ne bougent pas : elles donnent une rêverie zénonienne sur le mouvement. On voit un corps rigide comme une armure qui fait jouer ses articulations, il est ici et il est là, magiquement, mais il ne *va* pas d'ici à là. Il cinéma nous donne le mouvement, *mais comment* ? Est-ce, comme on croit, en copiant de plus près le changement de lieu ? On peut présumer que non, puisque le

1. M. Merleau-Ponty, *Le visible et l'invisible*, p. 208.

ralenti donne un corps flottant entre les objets comme une algue, et qui ne *se meut* pas [1].

Merleau-Ponty en vient ainsi à souligner le caractère *non mimétique* du réalisme cinématographique – une remarque à l'envergure manifestement ontologique – sans pourtant développer davantage ses références au cinéma.

« Sur l'emploi du mouvement dans la peinture et dans l'art du cinéma » [2] – en s'intéressant donc à leurs éléments de convergence dans ce cas-là aussi – Merleau-Ponty s'était toutefois arrêté un peu plus longuement dans le résumé du premier cours qu'il avait donné au Collège de France, celui qu'il avait intitulé en 1952-53 « Le monde sensible et le monde de l'expression ». Les notes préparées pour ce cours sont encore inédites, mais ont été transcrites par Emmanuel de Saint Aubert [3]

---

1. M. Merleau-Ponty, *L'œil et l'esprit*, p. 78.

2. M. Merleau-Ponty, *Résumés de cours*, p. 19.

3. Saint Aubert fait référence à cette transcription dans son essai intitulé « Conscience et expression chez Maurice Merleau-Ponty », *Chiasmi international*, nouvelle série, 10, 2008, p. 85-106. Il y souligne que « Ce document occupe une position privilégiée dans l'évolution du travail philosophique de Merleau-Ponty. Il s'agit d'abord, avec les *Recherches sur l'usage littéraire du langage*, du premier cours au Collège de France : Merleau-Ponty a accordé une grande attention à sa préparation, dont la longueur équivaut à environ 130 pages d'une édition courante. La date compte aussi beaucoup : nous sommes au début de l'année 1953, autrement dit après la période des thèses qui s'est refermée en 1945, après la phase la plus existentialiste de l'auteur (1945-1949), et à l'issue des trois années de cours en Sorbonne (1950-1952). Ces deux dernières périodes ont vu la naissance du concept de chair et l'émergence du thème de l'expression, en particulier dans la préparation inédite des conférences faites à Mexico début 1949, puis deux ans plus tard, dans la conférence sur *L'homme et l'adversité* et la rédaction de l'essentiel du manuscrit de *La prose du monde*. Par son titre même, le cours sur *Le monde sensible et le monde de l'expression* opère la jonction entre le thème majeur de la thèse principale de Merleau-Ponty – la perception – et celui, donc plus récent, de l'expression » (*ibid.*, p. 85-86).

et par Stefan Kristensen[1], et je saisis cette occasion pour les remercier de m'en avoir fourni une copie.

Les réflexions proposées par Merleau-Ponty en la circonstance nous permettent d'avoir l'intuition – ou du moins d'indiquer d'une manière plus précise – des directions selon lesquelles la dernière phase de sa pensée aurait pu développer une considération ontologique du cinéma. En outre, les notes préparées pour le cours sur « Le monde sensible et le monde de l'expression » paraissent corroborer rétrospectivement l'interprétation de la conférence donnée par Merleau-Ponty à l'IDHEC en tant que réponse silencieusement polémique au jugement bergsonien sur le cinéma. En effet, tout comme dans *Le cinéma et la nouvelle psychologie*, dans ces notes il discute de la perception en s'appuyant sur la *Gestalttheorie*, et ce soutien est utilisé, cette fois-ci de manière explicite, pour repousser les positions de Bergson sur le cinéma.

Par ailleurs, le résumé du même cours montrait déjà Merleau-Ponty recourant aux recherches gestaltistes pour nourrir son opposition aux thèses bergsoniennes sur le mouvement, une opposition qui semble rendre compte de quelques-unes des allusions que nous avons pu lire dans le chapitre

---

1. Kristensen renvoie à cette transcription dans son essai intitulé « Maurice Merleau-Ponty, une esthétique du mouvement », *Archives de Philosophie*, 69, 2006, p. 123-146, où il annonce de manière significative que, à travers l'examen de ces notes de cours, son essai vise à se concentrer « sur la phénoménologie merleau-pontienne du mouvement, ses rapports avec le cinéma », pour arriver jusqu'« au rapport de Jean-Luc Godard avec la phénoménologie et à indiquer les prémisses d'un dialogue avec l'approche deleuzienne du cinéma » (*ibid.*, p. 123). En suivant la convention utilisée par Saint Aubert et par Kristensen, je ferai à mon tour référence à la transcription des notes préparées par Merleau-Ponty pour son cours sur « Le monde sensible et le monde de l'expression » en me bornant à indiquer dans mon texte le sigle *MSME* et la page de chaque citation.

ultérieurement réécrit du *Visible et l'invisible*. En effet, dans ce résumé il avait pu expliquer ce qui suit :

> Le mouvement comme changement de lieu ou variation des rapports entre un « mobile » et ses repères est un schéma rétrospectif, une formulation finale de notre expérience charnelle du mouvement. Coupé de ses origines perceptives, il est, comme l'on a souvent montré après Zénon, irreprésentable et se détruit. Mais il ne suffit pas, pour le rendre intelligible, de revenir, comme le propose Bergson, au mouvement vécu de l'intérieur, c'est-à-dire à notre mouvement : il faut comprendre comment l'unité immédiate de notre geste se répand sur les apparences extérieures et y rend possible la transition, qui est irréelle au regard de la pensée objective [1].

C'est précisément sur cette question que Merleau-Ponty recourt aux « recherches de la *Gestalttheorie* » [2]. Et c'est précisément sur cette question, comme je l'ai dit plus haut, que dans les notes du même cours il évoque, de manière critique, les positions de Bergson sur le cinéma à la lumière des descriptions de Max Wertheimer − le principal théoricien du gestaltisme − sur le mouvement stroboscopique, c'est-à-dire sur le mouvement apparent qui est produit par la succession rapide d'images sur un fond et qui permet de percevoir de façon unitaire une séquence cinématographique. Il faut toutefois faire attention : pour Merleau-Ponty une telle expérience ne peut nous conduire à supposer aucun « mouvement sans mobile ». Cette dernière formule, qui est écartée dans la seconde partie de la courte référence au cinéma contenue dans l'« annexe » du *Visible et l'invisible*, est dans ces notes de cours

---

1. M. Merleau-Ponty, *Résumés de cours*, p. 13.
2. *Ibid.*

de 1952-53 plusieurs fois évoquée[1] et elle y est attribuée justement à Wertheimer. En reprenant les remarques déjà développées dans la *Phénoménologie de la perception*, Merleau-Ponty juge cette formule insoutenable, sous peine de rendre le mouvement encore une fois inconcevable, puisqu'en tout cas « il faut qu'il soit rapporté à un quelque chose identique qui se meut »[2]. Ces notes opposent, partant, à Wertheimer non moins qu'à Bergson l'exigence d'une « théorie du corps percevant »[3]. Car seule une telle théorie pourrait attester « la vérité phénoménale du mouvement » produit par « les images discontinues du cinéma », en nous montrant – et c'est le sens des mots que nous avons rencontrés dans le court passage de l'« annexe » au *Visible et l'invisible* – que « le mobile pourrait bien être projeté par celui qui perçoit ». Par ailleurs, cette dernière formulation, écrite dans un langage subjectiviste, pourrait expliquer à elle seule le choix fait par Merleau-Ponty de ne pas publier ce chapitre. Mais il importe surtout de retenir l'exigence merleau-pontienne d'affirmer, par la référence à la corporéité, l'inscription immédiate du mouvement *à la fois sur le versant extérieur et sur le versant intérieur de notre expérience*. Dans ce même but, dans les notes de cours de 1952-1953, Merleau-Ponty utilise la notion de « figural » pour désigner

1. *Cf.* M. Merleau-Ponty, *MSME*, 39, 40, 61, 66, 150.
2. M. Merleau-Ponty, *Phénoménologie de la perception*, p. 313. *Cf.* aussi *ibid.*, p. 317, où Merleau-Ponty écrit, en se référant à Wertheimer : « C'est à cette couche phénoménale que le psychologue nous ramène. Nous ne dirons pas qu'elle est irrationnelle ou antilogique. Seule la position d'un mouvement sans mobile le serait ».
3. *Cf.* M. Merleau-Ponty, *MSME*, 60, cité par S. Kristensen, art. cit., p. 128, où Kristensen rappelle que Merleau-Ponty admet qu'« il y a chez Bergson une référence implicite au corps, mais faute d'une "théorie du corps percevant", il manque le problème du mouvement "dans l'ordre des phénomènes" et aboutit à assimiler la durée divisible de la temporalité mondaine à la durée propre de la conscience » (*ibid.*).

des caractères indécomposables propres à *notre perception* d'une figure sur un fond et *non pas à la figure sur un fond en tant que telle*, comme la *Gestaltpsychologie* le prétendait. Bref, il utilisait ce terme pour rendre compte du caractère essentiellement unitaire de notre expérience du mouvement, tandis que, à son avis, « La *Gestalt* fait de[s] moments figuraux [des] conditions objectives déterminant selon [des] lois causales un processus d'organisation en 3$^e$ personne »[1].

Citons donc Kristensen, qui se réfère aux notes qu'il a transcrites pour expliquer que, selon Merleau-Ponty,

> La structure du mouvement stroboscopique est aussi celle de notre « perception naturelle ». […] Il y a une affinité essentielle entre le fonctionnement de notre perception visuelle et la production du mouvement par la technique cinématographique, et à l'appui de cette idée, il évoque effectivement le cinéma (*MSME*, 65). Le dispositif cinématographique n'est « nullement "illusion" » (*ibid.*) écrit-il en référence à la thèse bien connue de Bergson dans *L'évolution créatrice* au début du chapitre 4 ; il faut admettre que […] notre corps […] donne forme au perçu selon une structure qui lui est propre[2].

Pour soutenir sa propre thèse, Merleau-Ponty fait des références directes à un film, l'un des rares qui sont explicitement cités dans les notes de cours. Plus exactement, il fait des références directes à une séquence particulière de ce film : celle de la révolte au dortoir du collège tournée au ralenti par Jean Vigo dans *Zéro de conduite*, son chef-d'œuvre de 1933 qui fut interdit par la censure jusqu'en 1945 et qui est devenu désormais un classique, admiré en particulier par la *Nouvelle*

1. M. Merleau-Ponty, *MSME*, 70.
2. S. Kristensen, *Maurice Merleau-Ponty, une esthétique du mouvement*, art. cit., p. 129.

*vague*[1]. La séquence, comme le rappelle Georges Sadoul, « fut remarquable par sa musique comme par la symphonie en blanc majeur de ses images »[2] où les enfants du collège, en chemise de nuit, sautent précisément au ralenti dans le dortoir, parmi les plumes des oreillers éventrés qui voltigent dans l'air. Toutes les allusions que, dans ses notes de cours, Merleau-Ponty fait à cette séquence sont accompagnées de la référence à un nom propre, entre parenthèses : c'est celui de Maurice Jaubert, qui était, avant la Deuxième Guerre Mondiale, le plus grand compositeur français de musiques pour le cinéma, et dont la réflexion sur « le rôle de la musique » dans le film avait été citée dans *Le cinéma et la nouvelle psychologie*[3]. La musique de *Zéro de conduite* est signée par Jaubert, qui, à propos de la séquence citée par Merleau-Ponty, avait pu expliquer ce qui suit :

> Le compositeur avait à accompagner un défilé nocturne d'enfants en révolte (assez fantomatique à la vérité, et d'ailleurs tourné au ralenti). Désirant utiliser une sonorité irréelle, une fois la musique nécessaire achevée, il la transcrivit à reculons, la dernière mesure devenant la première, et dans cette mesure la dernière note devenant la première. On enregistra le morceau sous cette forme qui ne rappelait que de très loin la musique initiale. En retournant dans le film la musique ainsi obtenue, on retrouvait le contour de la mélodie primitive, mais « l'émission » en était alors intégralement renversée, et empruntait tout son mystère à cette simple opération mécanique[4].

---

1. Cf. *ibid.*, p. 136, note 27.
2. G. Sadoul, *Dictionnaire des Films* (1965), remis à jour par É. Breton, Paris, Seuil, 1976, p. 278.
3. *Cf.* M. Merleau-Ponty, *Sens et non-sens*, p. 71.
4. Cité par G. Sadoul, *Dictionnaire des Films, op. cit.*, p. 561.

C'est précisément à l'effet produit à la fois par l'inversion de la musique d'origine et par l'usage du ralenti que les notes de Merleau-Ponty font référence. Par ailleurs, elles semblent faire écho justement à l'explication de Jaubert, en soulignant à leur tour l'« impression d'irréalité » (*MSME*, 87), d'« étrangeté [?] » (*MSME*, 81) que la séquence provoque chez le spectateur. De cette manière on comprend les raisons de l'intérêt particulier de Merleau-Ponty pour cette séquence. En effet, il y voit une sorte de preuve *a contrario* de l'existence d'une *logique commune* à la perception habituelle et à la perception cinématographique, contrairement à Bergson qui pensait que cette dernière ne donnait qu'une reproduction illusoire de la première : ils'agit de la *logique perceptive* [1] à laquelle la séquence de *Zéro de conduite*, en ralentissant les images et en inversant la musique, *tend à se soustraire*, en produisant par là même un effet de déréalisation. C'est pourquoi, dans le résumé du cours de Merleau-Ponty on peut lire ce passage :

> Le son d'un instrument à vent porte dans sa qualité la marque du souffle qui l'engendre et du rythme organique de ce souffle, comme le prouve l'impression d'étrangeté que l'on obtient en émettant à l'envers des sons normalement enregistrés. Bien loin d'être un simple « déplacement », le mouvement est inscrit dans la texture des figures ou des qualités, il est comme un révélateur de leur être [2].

Mais il y a plus. En observant cette séquence, on se convainc inévitablement que c'est précisément à elle que Merleau-Ponty fera référence, quelque huit ans plus tard, dans le passage cité

---

1. Merleau-Ponty écrit à ce sujet dans ses notes de cours : « *logos perceptif* comme tel — (le corps) » (*MSME*, 88).
2. M. Merleau-Ponty, *Résumés de cours*, p. 15.

plus haut de *L'œil et l'esprit*, où, au sujet de l'expression cinématographique du mouvement, il affirmera – en vérité de manière un peu mystérieuse – que « le ralenti donne un corps flottant entre les objets comme une algue, et qui ne *se meut pas* »[1]. Le voilà dans la séquence considérée ici, ce corps flottant comme une algue, au moment où il cabriole doucement dans l'air comme s'il était lui-même une plume. Ou un ange de Bill Viola[2].

Relue dans le contexte des images et des réflexions que je viens d'évoquer, cette phrase de *L'œil et l'esprit* se confirme une fois pour toutes comme une affirmation qui, loin de vouloir désavouer la perception du mouvement offerte par le cinéma, critique plutôt l'idée selon laquelle plus on perçoit une

---

1. M. Merleau-Ponty, *L'œil et l'esprit*, p. 78. Je reprends le lien entre cette phrase de Merleau-Ponty et la séquence de *Zéro de conduite* de l'exposé de Anna Caterina Dalmasso intitulé *La riflessione di Merleau-Ponty sul cinema* et présenté pendant l'année universitaire 2008-09 auprès de l'Università degli Studi di Milan à l'intérieur du séminaire consacré à « Estetica del Novecento : percorsi di interpretazione », rattaché à mon cours d'*Estetica contemporanea*. Par la suite, la même commentatrice a rapproché la similitude merleau-pontienne des métaphores par lesquelles Jean Epstein décrit l'effet du ralenti, dans un passage de *L'intelligence d'une machine* que Merleau-Ponty cite dans *MSME*, 84-85 : « À une projection ralentie, on observe, au contraire, une dégradation des formes [...]. Tout l'homme n'est plus qu'un être de muscles lisses, nageant dans un milieu dense, où d'épais courants portent et façonnent toujours ce clair descendant des vieilles faunes marines, des eaux mères. [...]. Plus ralentie encore, toute substance vive retourne à sa viscosité fondamentale, laisse monter à sa surface sa nature colloïdale foncière » (J. Epstein, *L'intelligence d'une machine*, Paris, Éditions Jacques Melot, 1946, p. 59). *Cf.* A.C. Dalmasso, *Movimento della visione. L'ontologia merleau-pontiana nello specchio del cinema*, Mémoire de Master 2 en « Sciences philosophiques », Milano, Università degli Studi, année universitaire 2009-10, p. 106-107.

2. Pour une réflexion sur quelques « croisements » entre la recherche de Merleau-Ponty et celle de Viola, *cf.* I. Matos Dias, « Croisement de regards. La phénoménologie de M. Merleau-Ponty et l'art vidéo de Bill Viola », *Daímon. Revista de Filosofía*, número 44, Mayo-Agosto 2008, p. 85-92.

reproduction rapprochée du mouvement, plus cette perception est réaliste. Tout à l'inverse, une telle perception ne peut que fausser la logique perceptive qui unit immédiatement notre corps au monde. Par conséquent, notre corps ne pourra pas reconnaître l'action d'un de ses semblables dans les mouvements de celui-ci projetés au ralenti, mais il croira bien plutôt y observer une façon d'habiter le monde totalement différente de la sienne et plutôt semblable à celle d'une algue. C'est donc précisément parce que la logique perceptive montre que nous sommes unis au monde de manière immédiate et essentielle qu'elle empêche de séparer la considération du mouvement en tant que vécu par nous et en tant qu'ayant lieu dans le monde. Elle devrait même nous empêcher de le décrire comme un mouvement *intérieur à l'être*, si par là on continue à sous-entendre que ce dernier, l'être, demeure immobile. En effet, comme les expériences gestaltistes l'enseignent et comme celles du cinéma le confirment, *le fond participe de façon essentielle à la perception du mouvement*, ce qui nous impose de caractériser celui-ci non pas en tant que mouvement *dans l'être*, mais en tant que mouvement *de l'être* lui-même, qui à son tour en arrive donc à se révéler comme *être mouvement*. C'est ce que les notes du cours étudiées ici finissent par indiquer : « Donc ici mouvement = révélation de l'être, résultat de sa configuration interne et clairement autre chose que changement de lieu. »[1]

Ainsi, pour Merleau-Ponty le cinéma contribue à indiquer la direction qui nous faut suivre pour éviter les dualismes

---

1. M. Merleau-Ponty, *MSME*, 70. Il écrira dans la « Préface » de *Signes* : « le monde ne tient, l'Être ne tient qu'en mouvement, c'est ainsi seulement que toutes choses peuvent être ensemble »(M. Merleau-Ponty, *Signes*, p. 30).

fondamentaux de la pensée occidentale. Dans cette perspective, le résumé du cours sur « Le monde sensible et le monde de l'expression » propose des réflexions qui font de « l'emploi du mouvement » non pas une question particulière, mais l'identité même de ce qu'il nomme, en utilisant une expression digne d'attention, « art du cinéma ».

Merleau-Ponty avait déjà fait allusion à la question du cinéma comme art dans ses « causeries » de 1948 à la radio française :

> Quoique le cinéma n'ait pas encore produit beaucoup d'ouvrages qui soient de part en part œuvres d'art, quoique l'engouement pour les vedettes, le sensationnel des changements de plan, ou des péripéties, l'intervention des belles photographies ou celle d'un dialogue spirituel soient pour le film autant de tentations où il risque de s'engluer et de trouver le succès en omettant les moyens d'expression les plus propres au cinéma – malgré donc toutes ces circonstances qui font qu'on n'a guère vu jusqu'ici de film qui soit pleinement film, on peut entrevoir ce que serait un tel ouvrage, et l'on va voir que, comme toute œuvre d'art, il serait encore quelque chose que l'on perçoit[1].

Merleau-Ponty suggère donc de juger d'un film comme étant « de part en part œuvre d'art » à condition qu'il « soit pleinement film », c'est-à-dire qu'il sache éviter aussi bien les flatteries du succès commercial que celles d'autres formes expressives comme la photographie ou la littérature au détriment des formes qui lui sont propres. Bref, Merleau-Ponty suggère de considérer comme « art du cinéma » le cinéma qui sait être art autonome. En effet, le passage qu'on vient de citer se poursuit de la sorte :

---

1. M. Merleau-Ponty, *Causeries 1948*, établies et annotées par S. Ménasé, Paris, Seuil, 2002, p. 57.

ce qui peut constituer la beauté cinématographique, ce n'est ni l'histoire en elle-même, que la prose raconterait très bien, ni à plus forte raison les idées qu'elle peut suggérer, ni enfin ces tics, ces manies, ces procédés par lesquels un metteur en scène se fait reconnaître et qui ont pas plus d'importance décisive que les mots favoris d'un écrivain. Ce qui compte, c'est le choix des épisodes représentés, et, dans chacun d'eux, le choix des vues que l'on fera figurer dans le film, la longueur donnée respectivement à chacun de ces éléments, l'ordre dans lequel on choisit de les présenter, le son ou les paroles dont on veut ou non les accompagner, tout cela constituant un certain rythme cinématographique global[1].

Ce « rythme cinématographique global » incarne précisément l'« emploi du mouvement » spécifique à ce que Merleau-Ponty appelle « l'art du cinéma » dans le résumé du cours sur « Le monde sensible et le monde de l'expression »[2].

---

1. M. Merleau-Ponty, *Causeries 1948*, p. 57-58.
2. Même si le nom d'André Malraux et si sa conception du cinéma ne sont jamais cités dans le résumé ni dans les notes de ce cours, à la différence de ce qui se passait dans *Le cinéma et la nouvelle psychologie* (*cf.* M. Merleau-Ponty, *Sens et non-sens*, p. 71 et 74), il me semble opportun de signaler la convergence entre la caractérisation du cinéma comme art proposée dans ce cours et ce que Malraux écrivait à cet égard dans son *Esquisse d'une psychologie du cinéma*, publiée en 1940 dans « Verve » et évoquée par Merleau-Ponty précisément dans le texte de sa conférence à l'IDHEC (mais dans ses *Causeries* de 1948 on peut aussi entendre les échos de l'article de Malraux). À ce sujet, Malraux écrivait dans son article : « Tant que le cinéma n'était que le moyen de reproduction de personnages en mouvement, il n'était pas plus un art que la phono-graphie ou la photographie de reproduction. Dans un espace circonscrit, généralement une scène de théâtre véritable ou imaginaire, des acteurs évoluaient, représentaient une pièce ou une farce que l'appareil se bornait à enregistrer. La naissance du cinéma en tant que moyen d'expression (et non de reproduction) date de la destruction de cet *espace circonscrit* » (A. Malraux, « Esquisse d'une psychologie du cinéma » (1940), dans *Écrits sur l'art*, I, J.-Y. Tadié (dir.), avec la collaboration d'A. Goetz, C. Moatti et F. de Saint-Cheron, « Bibliothèque de la Pléiade », Paris, Gallimard, 2004, p. 5-16, ici p. 8). Et un peu plus bas : « Le moyen de reproduction du cinéma était la photo qui bougeait, mais son moyen d'expression, c'est la succession des plans » (*ibid.*).

Il explique en effet dans ce résumé que :

> Le cinéma, inventé comme moyen de photographier les objets en mouvement ou comme *représentation du mouvement*, a découvert avec lui beaucoup plus que le changement de lieu : une manière nouvelle de symboliser les pensées, un *mouvement de la représentation* [1].

C'est tout d'abord dans cette « découverte » que semblent résider, à la fois, son caractère d'« art » – le caractère non mimétique que Klee revendiquait pour l'art tout entier – et sa nouveauté ontologique. L'un et l'autre s'avèrent motivés de manière plus explicite un peu plus bas, où Merleau-Ponty écrit que le cinéma

> joue non plus, comme à ses débuts, des mouvements objectifs, mais des *changements de perspective qui définissent le passage d'un personnage à un autre ou le glissement d'un personnage vers l'événement* [2].

Il faut en outre noter que, dans la phrase citée plus haut, Merleau-Ponty utilise encore la notion de « représentation ». Toutefois, il semble que l'on puisse affirmer que la « découverte » définie dans cette phrase par les termes « mouvement de la représentation » est précisément ce qui le conduira à quitter cette dernière notion pour explorer, dans toutes ses implications, celle de « vision », en refusant résolument de la réduire, comme l'on a déjà vu, à « une opération de pensée qui dresserait devant l'esprit un tableau ou une *représentation* du monde » [3].

---

1. M. Merleau-Ponty, *Résumés de cours*, p. 20.
2. *Ibid.*, p. 29-30, (*je souligne*).
3. M. Merleau-Ponty, *L'œil et l'esprit*, p. 17, (*je souligne*).

Par ailleurs, il semble qu'on comprend mieux ainsi les raisons de l'intérêt de Merleau-Ponty pour la réflexion d'André Bazin, qu'il ne faisait qu'évoquer dans ses notes de cours du 1960-1961. En effet, la convergence théorique entre le dernier Merleau-Ponty et Bazin paraît s'articuler sur une considération ontologique nouvelle de la vision et donc de l'image.

## ontologie de l'image en tant que figure de précession réciproque

À ce sujet, dans son article de 1945 consacré à l'*Ontologie de l'image photographique*[1], qui est considéré comme fondamental pour le renouvellement des théories cinématographiques après la Deuxième Guerre Mondiale, Bazin, se référant à l'emploi surréaliste de la photographie, écrivait que « La distinction logique de l'imaginaire et du réel tend à s'abolir. Toute image doit être sentie comme objet et tout objet comme image »[2].

À son tour, en réfléchissant sur les nouveautés de la peinture moderne, dans *L'œil et l'esprit* Merleau-Ponty revendique le droit, pour l'image, de ne plus être considérée comme « un décalque, une copie, une seconde chose »[3], qui serait plus ou moins fidèle à son modèle mais qui serait en tout cas produite par une vision indépendante de notre relation sensible au monde.

Tout comme dans les pages contemporaines du manuscrit inachevé du *Visible et l'invisible*, ici aussi Merleau-Ponty pense l'expérience corporelle comme se constituant à partir de

---

1. A. Bazin, *Ontologie de l'image photographique* (1945), dans A. Bazin, *Qu'est-ce que le cinéma?*, Paris, Cerf, 2010, p. 9-17.
2. *Ibid.*, p. 16.
3. M. Merleau-Ponty, *L'œil et l'esprit*, p. 23.

l'horizon relationnel de la chair[1]. Il entend donc affirmer le *surgissement* de la vision « au cœur » de cet horizon plutôt que de la décrire comme *se penchant* de l'intérieur du corps :

> Le visible autour de nous semble reposer en lui-même. C'est comme si notre vision se formait en son cœur[2].

Ce qui fait surgir ma vision au cœur du visible est que celui-ci se replie en voyant, ajoute Merleau-Ponty, qui dans le même ouvrage parle précisément de « ce *pli*, cette cavité centrale du visible qui est ma vision »[3]. C'est dans cette « sorte de repliement, d'invagination »[4] que consiste mon expérience du corps en tant que ce visible qui est en même temps un voyant, en tant que ce sensible qui est en même temps un sentant. Cette condition me fait entretenir un rapport au monde qu'on peut décrire comme une sorte de ruban de Moebius[5], en vertu duquel les versants qui ont été définis traditionnellement comme « intérieur » et « extérieur » tracent l'endroit et l'envers du seul cercle de la vision.

---

1. C'est ce que Renaud Barbaras ne semble pas apercevoir lorsqu'il formule le jugement suivant : « Comme Husserl, Merleau-Ponty cherche à *construire* la relation à partir d'un sujet dont la bipolarité (empirique/transcendantal) n'est pas profondément questionnée, au lieu d'interroger le sujet *à partir* de la relation perceptive : le seul pas franchi vis-à-vis de Husserl consiste à partir d'un sujet incarné plutôt que d'un pur sujet transcendantal » (R. Barbaras, *Vie et intentionnalité. Recherches phénoménologiques*, Paris, Vrin, 2003, p. 156).
2. M. Merleau-Ponty, *Le visible et l'invisible*, p. 173.
3. *Ibid.*, p. 192 (*je souligne*).
4. *Ibid.*, p. 199.
5. « Si l'on veut des métaphores, il vaudrait mieux dire que le corps senti et le corps sentant sont comme l'envers et l'endroit, ou encore, comme deux segments d'un seul parcours circulaire, qui, par en haut, va de gauche à droite, et, par en bas, de droite à gauche, mais qui n'est qu'un seul mouvement dans ses deux phases » (*ibid.*, p. 182).

C'est en vertu de ce cercle – note Merleau-Ponty dans *L'œil et l'esprit* – que

> nous touchons le soleil, les étoiles, nous sommes en même temps partout, aussi près des lointains que des choses proches, et [...] même notre pouvoir de nous imaginer ailleurs [...], de viser librement, où qu'ils soient, des êtres réels, emprunte encore à la vision, remploie des moyens que nous tenons d'elle[1].

Dès lors, l'imaginaire, uni à la vision ainsi entendue, ne peut pas être conçu comme une faculté de remplacement ni comme un succédané du réel ; il n'exprime pas une simple absence ou quelque chose de totalement autre par rapport à celui-ci, mais il apparaît comme germant – justement avec la vision elle-même – à partir de ce rapport de *parenté sensible* que nous entretenons avec le monde et que, comme nous le savons, Merleau-Ponty appelle la « chair ». Dans cette perspective il affirme que l'imaginaire est plus proche de « l'actuel »[2] qu'une *copie* de l'actuel lui-même, puisque dans l'imaginaire s'exprime la résonance que l'actuel suscite dans la chair de notre rapport sensible, affectif et symbolique au monde. Dans *L'œil et l'esprit* encore, Merleau-Ponty écrit donc que l'image picturale doit être considérée, par rapport au domaine de l'actuel, comme « sa pulpe ou son envers charnel pour la première fois exposés aux regards »[3]. Or, peut-on éviter de référer cette définition à l'expérience filmique elle-même ?

Il est certain du moins que Jean-Luc Godard ne peut pas l'éviter. De fait, dans son film *JLG/JLG. Autoportrait de décembre*, sorti au début de 1995, il reprend quelques passages d'une page

1. M. Merleau-Ponty, *L'œil et l'esprit*, p. 83-84.
2. *Ibid.*, p. 24.
3. *Ibid.*

célèbre du *Visible et l'invisible*[1] et les *monte* dans des « phrases »
– c'est le sous-titre du livre tiré du film qui les définit ainsi –
que je ne peux citer qu'en partie :

> si ma main gauche
> peut toucher ma main droite
> pendant qu'elle touche
> les choses
> la toucher
> en train de toucher … [2]

Somme toute, comme Francesco Casetti le montre à son tour
dans le livre intitulé significativement *L'occhio del Novecento*,[3]
le cinéma semble avoir été la forme expressive qui, étant née
à peu près dans les mêmes années que la peinture moderne, a
définitivement mis en évidence et rendu populaires certains
aspects de cette « mutation dans les rapports de l'homme et de
l'Être » que, dans *L'œil et l'esprit*, Merleau-Ponty voit précisément dans la peinture moderne. Ces rapports, si on peut les
reconnaître d'une manière négative dans le refus de la relation
mimétique au réel, semblent trouver une définition positive
dans la formulation que, dans l'essai étudié, Merleau-Ponty
donne de la vision, en la qualifiant de

> précession de ce qui est sur ce qu'on voit et fait voir, de ce qu'on
> voit et fait voir sur ce qui est [4].

---

1. *Cf.* M. Merleau-Ponty, *Le visible et l'invisible*, p. 185.
2. *Cf.* J.-L. Godard, *JLG / JLG. Phrases*, Paris, P.O.L., 1996, p. 69-71.
3. *Cf.* F. Casetti, *L'occhio del Novecento. Cinema, esperienza, modernità*, Milano,
Bompiani, 2005, en particulier p. 255, où à ce sujet il se réfère précisément à la pensée
du dernier Merleau-Ponty. Quelques-unes des considérations que je propose dans les
pages qui suivent sont inspirées de ce livre.
4. M. Merleau-Ponty, *L'œil et l'esprit*, p. 87.

Je vais donc me concentrer sur cette définition étrange et complexe qui me semble riche d'implications importantes. Le mot « précession » – qui deviendra plus courant dans le langage de la génération post-structuraliste française[1] – n'est utilisé qu'en cette seule occasion dans les textes de Merleau-Ponty qui ont été publiés jusqu'à présent, mais je remercie très vivement Emmanuel de Saint Aubert de m'avoir fourni la liste de tous les passages où ce mot apparaît dans les manuscrits de Merleau-Ponty qui sont encore inédits[2].

Il l'utilisa pour la première fois dans ses notes de lecture, probablement prises au début de 1957, du livre de Rudolf Arnheim intitulé *Art and Visual Perception. A Psychology of the Creative Eye*, qui avait été publié en 1954[3] sans que le mot « précession » y fût mentionné. Plus tard, ce mot apparaît plusieurs fois dans les écrits de Merleau-Ponty à partir de 1960, tout d'abord dans des brouillons de la définition de la vision que j'ai tiré plus haut de *L'œil et l'esprit*. Sur cette base, l'on peut affirmer que Merleau-Ponty semble s'intéresser à ce mot parce qu'il décrit une relation *temporelle* entre les termes qu'il relie, plutôt que la relation *spatiale* qui est suggérée par

1. Jean Baudrillard caractérisera à son tour les *simulacres* en tant que *figures de précession* : « C'est désormais la carte qui précède le territoire – *précession des simulacres* –, c'est elle qui engendre le territoire » (J. Baudrillard, « La précession des simulacres », dans *Simulacres et simulations*, Paris, Galilée, 1981, p. 10).
2. Quant aux occurrences du mot « précession » dans les notes inédites de Merleau-Ponty, je signalerai le volume de la B.N., le sigle de l'inédit et le feuillet où chacune d'elles se trouve, en indiquant la numérotation de la B.N. suivie, le cas échéant, de la numérotation donnée par Merleau-Ponty lui-même. À propos de cette convention, *cf.* E. Saint Aubert, *Du lien des êtres aux éléments de l'être : Merleau-Ponty au tournant des années 1945-1951*, Paris, Vrin, 2004, « Note technique et bibliographique », p. 9-10.
3. R. Arnheim, *Art and Visual Perception*, Berkeley, The University of California Press, 1954. Quant à cette occurrence du mot « précession » dans les notes inédites de Merleau-Ponty, *cf.* B.N., volume XXI, NL-Arnh [53] (50).

les mots « enjambement » et « empiètement », qu'on trouve dans un premier temps placés à côté de « précession », puis remplacés par ce mot dans les brouillons [1].

Mais il ne s'agit cependant pas seulement d'une préférence de Merleau-Ponty pour une relation temporelle plutôt que pour une relation spatiale. En effet, le mot « précession » décrit une temporalité très particulière, qui se caractérise par le *mouvement d'antécédence* des termes impliqués. C'est le cas de la précession des équinoxes, les deux se produisant chaque année vingt minutes plus tôt.

La préférence de Merleau-Ponty pour cette relation temporelle si particulière devient encore plus explicite dans le manuscrit du « Grand Résumé » du *Visible et l'invisible* qu'il prépare entre novembre 1960 et mai 1961. Ici, on trouve le mot « précession » tout d'abord dans une note de l'automne 1960 :

> Circularité et *précession* voyant-visible, silence-parole, moi-autrui [2]

Mais cette formulation est corrigée, de manière très significative, dans la note suivante du même manuscrit :

> Circularité, mais plutôt *précession*    voyant-visible,
> silence-parole
> moi-autrui [3]

Dans ce même feuillet du « Grand Résumé », Merleau-Ponty tente d'expliquer le sens du mot « précession » à travers une autre expression astronomique : « gravitation de l'un autour de

1. *Cf.* B.N., volume V, OE-ms [36]v(53) et [94](42).
2. B.N., volume VII, NLVIàf3 [186].
3. B.N., volume VII, NLVIàf3 [181].

l'autre »[1], une expression suggérant une relation *réciproque* – même si elle est spatiale – entre les termes impliqués.

La formulation de *L'œil et l'esprit*, quant à elle, rend explicite cet aspect de la *réciprocité* dans une forme *temporelle*, puisque la « précession » y est caractérisée précisément comme un *mouvement d'anticipation mutuelle* entre les termes qui sont impliqués dans cette relation. Merleau-Ponty précise en effet : « Cette précession de ce qui est sur ce qu'on voit et fait voir, de ce qu'on voit et fait voir sur ce qui est, c'est la vision même ». C'est précisément en raison de cette *réciprocité d'anticipation* que Merleau-Ponty utilise le mot « précession » pour décrire les interrelations entre « ce qui est » et « ce qu'on voit et fait voir », lesquelles, d'après lui, définissent la vision. Bref, la définition de Merleau-Ponty concerne une précession qui ne peut qu'être *réciproque* : la précession du regard sur les choses, tout comme celle des choses sur le regard ; la précession de l'imaginaire sur l'« actuel » – puisque l'imaginaire oriente et alimente notre regard en nous *faisant voir* l'actuel –, tout comme la précession de l'« actuel » sur l'imaginaire. De cette manière, le primat de l'un de deux termes sur l'autre devient *indécidable*. Autrement dit, on en vient à mettre hors jeu la possibilité d'affirmer, une fois pour toutes, lequel des deux termes *est premier* et lequel doit être considéré, pour reprendre l'expression de Merleau-Ponty, comme « une seconde chose ». Ceci devrait par ailleurs nous permettre d'éviter d'avoir à conserver une « distinction logique » – cette fois l'expression est de Bazin – entre le mouvement et le mobile[2].

---

1. B.N., volume VII, NLVIàf3 [181].
2. Ce n'est pas par hasard que la définition merleau-pontienne de la vision examinée ici a pu être considérée comme le noyau théorique de la convergence entre le dernier

En effet, l'idée de précession réciproque permet de congédier celle d'un *avant* absolu dans l'espace et dans le temps (ou même d'un « avant » *de* l'espace et *du* temps). Elle révèle ainsi combien est encore métaphysique notre façon de *penser* la réalité en tant que *primum absolu*, et elle nous invite à la considérer tout autrement.

Tentons d'accepter cette invitation. Manifestement, cette précession réciproque est un mouvement rétrograde qui creuse dans le temps une profondeur bien particulière. À ce propos, dans *L'œil et l'esprit* Merleau-Ponty évoque le « fond immémorial du visible »[1]. C'est dans ce sens, je crois, qu'il faudrait penser une telle profondeur temporelle. À ce sujet, encore une fois en se référant à la *Recherche* proustienne, Merleau-Ponty écrit dans une note de travail du *Visible et l'invisible* datée d'avril 1960 :

> L'idée freudienne de l'inconscient et du passé comme « indestructibles », comme « intemporels » = élimination de l'idée commune du temps comme « série des *Erlebnisse* » — Il y a du passé architectonique. *cf.* Proust : les *vraies* aubépines sont les aubépines du passé [...]. Ce « passé » appartient à un temps mythique, au temps d'avant le temps, à la vie antérieure, « plus loin que l'Inde et que la Chine »[2].

Merleau-Ponty et Bazin. Pietro Montani a ainsi pu écrire : « La vérité est que Bazin, tout comme Merleau-Ponty, est un phénoménologue qui a aperçu l'enjeu ontologique de l'imagination : le surgissement de l'image à partir d'un "flux" et d'un "reflux", sa constitution comme un va-et-vient de la vision depuis les choses jusqu'à la forme et vice-versa, de la donnée au sens et vice-versa » (P. Montani, *L'immaginazione narrativa. Il racconto del cinema oltre i confini dello spazio letterario*, Milano, Guerini e Associati, 1999, p. 74).

1. M. Merleau-Ponty, *L'œil et l'esprit*, p. 86.
2. M. Merleau-Ponty, *Le visible et l'invisible*, p. 296.

De plus, dans le manuscrit du même ouvrage, il avait déjà précisé que ce « temps mythique » est celui « où certains événements "du début" gardent une efficacité continuée »[1]. À mon avis, c'est précisément la profondeur de ce genre de temps qui est creusée et instituée par la « précession de ce qui est sur ce qu'on voit et fait voir, de ce qu'on voit et fait voir sur ce qui est ». En fait, puisque cette précession est infiniment mutuelle, elle ne peut pas nous reporter à un passé chronologique. Bien plutôt, elle ne peut nous reporter qu'à *un passé qui n'a jamais été présent*, à savoir un passé qui « appartient à un temps mythique ». Il s'agit de ce genre particulier de temps « immémorial » qui opère dans notre inconscient et dont on a pu lire l'indestructibilité dans le passage cité plus haut, tout comme « l'indestructibilité, [...] la transformabilité, et l'anachronisme des *événements* de la mémoire » caractérisent, selon Didi-Huberman, cette temporalité[2], qui donc aura affaire avec une mémoire involontaire comme celle qui est évoquée précisément par Proust. Autrement dit, il s'agit de la temporalité particulière à l'intérieur de laquelle les expériences de notre vie sont élaborées de manière involontaire, par une sorte d'« oubli actif »[3], comme des « essences charnelles »[4], comme des « idées sensibles »[5]. Ces dernières se retrojettent mythiquement et se sédimentent en tant que telles grâce à ce que Bergson appelait « le mouvement rétrograde du vrai », et elles

---

1. M. Merleau-Ponty, *Le visible et l'invisible*, p. 43.
2. *Cf.* G. Didi-Huberman, *Devant le temps. Histoire de l'art et anachronisme des images*, *op. cit.*, p. 239-240.
3. M. Merleau-Ponty, *Notes des cours au Collège de France 1958-1959 et 1960-1961*, p. 115.
4. M. Merleau-Ponty, *L'œil et l'esprit*, p. 35.
5. *Cf.* M. Merleau-Ponty, *Le visible et l'invisible*, p. 196-198.

demeurent ainsi toujours à l'œuvre dans ce « passé architectonique ». Comme j'ai cherché à le montrer ailleurs,[1] le temps mythique est donc le temps particulier où vivent ce que Merleau-Ponty appelle les « idées sensibles », en suggérant par là, non seulement que ces idées sont inséparables de leur présentation sensible (c'est-à-dire de leurs images visuelles, langagières ou musicales, par exemple)[2], mais surtout qu'elles sont *instituées* par ces mêmes images en tant que leur propre profondeur. Par conséquent, ces images partagent la temporalité mythique où de telles idées vivent. À ce sujet, citons le passage suivant de *L'œil et l'esprit* :

> Le sourire d'un monarque mort depuis tant d'années, dont parlait la *Nausée*, et qui continue de se produire et de se reproduire à la surface d'une toile, c'est trop peu de dire qu'il y est en image ou en essence : il y est lui-même en ce qu'il eut de plus vivant, dès que je regarde le tableau[3]. L'« instant du monde » que Cézanne voulait peindre et qui est depuis longtemps passé, ses toiles continuent de nous le jeter, et sa Montagne Sainte-Victoire se fait et se refait d'un bout à l'autre du monde, autrement, mais non moins énergiquement que dans la roche dure au-dessus d'Aix[4].

---

1. *Cf.* M. Carbone, *Proust et les idées sensibles, op. cit.*.

2. « Ici, au contraire, il n'y a pas de vision sans écran : les idées dont nous parlons ne seraient pas mieux connues de nous si nous n'avions pas de corps et pas de sensibilité, c'est alors qu'elles nous seraient inaccessibles » (M. Merleau-Ponty, *Le visible et l'invisible*, p. 196).

3. On pourrait dire que ce « sourire [...] continue de se produire et de se reproduire à la surface d'une toile » comme une image et *à la fois* comme une essence : il se produit en tant qu'« essence charnelle », selon la formule que Merleau-Ponty propose un peu plus bas.

4. M. Merleau-Ponty, *L'œil et l'esprit*, p. 35.

Même si nous avons vu que l'attention au cinéma du dernier Merleau-Ponty est concentrée de manière explicite sur « la question du mouvement », je pense que le temps mythique, sur lequel il réfléchit surtout à propos de la *Recherche* proustienne, est précisément *le temps qui est à l'œuvre dans les images cinématographiques* [1]. Sans lui, le cinéma n'aurait pas pu donner au XXe siècle l'un de ses systèmes les plus puissants de mythes, ainsi que son lieu d'élaboration psychanalytique le plus populaire. Plus généralement, il me semble que la définition de la vision donnée par Merleau-Ponty dans *L'œil et l'esprit* parvient à caractériser le statut progressivement accordé aux images par les expériences artistiques du XXe siècle [2], à savoir le statut de *figures de précession réciproque* plutôt que de simples *figures de renvoi*. Davantage que toutes les autres formes expressives du siècle dernier, le cinéma a rendu ce statut tellement manifeste que – pour le dire dans des mots de Merleau-Ponty – « ceci suffit à contester le clivage du réel et de l'imaginaire » [3]. Dans

1. Deleuze semble proche de cette idée dans la dernière réponse qu'il donne au cours de l'entretien recueilli dans les *Cahiers du Cinéma* à l'occasion de la publication de *L'image-temps :* « C'est curieux en effet, parce qu'il me semble évident que l'image [cinématographique] n'est pas au présent. Ce qui est au présent, c'est ce que l'image "représente", mais pas l'image elle-même. L'image même, c'est un ensemble de rapports de temps » ; un peu plus bas il poursuit par un écho de Proust : « Chaque fois, c'est "un peu de temps à l'état pur", et non pas un présent » (G. Deleuze, « Le cerveau, c'est l'écran », *Cahiers du Cinéma*, n. 380, Février 1986, p. 32).

2. On peut également relier à cette définition la lutte du peintre pour libérer sa toile des « clichés » qui l'occupent *avant* qu'il ne commence à peindre : D. H. Lawrence fait allusion à cette lutte, à propos de Cézanne, dans un texte (*cf.* D. H. Lawrence, *La beauté malade* (1929), trad. fr. de C. Malroux, Paris, Allia, 1993, p. 9 *sq.*) que Deleuze reprend dans son livre sur Bacon pour souligner que le travail du peintre ne consiste pas à « reproduire un objet extérieur » sur une *surface blanche* (G. Deleuze, *Francis Bacon. Logique de la sensation*, Paris, La Différence, 1981, volume I, p. 57).

3. M. Merleau-Ponty, *Résumés de cours*, p. 69. Quant à Deleuze, comme on le sait, c'est avec le néo-réalisme italien qu'à son avis « on tombe en effet dans un principe

cette optique, la précession réciproque d'affirmations telles que « ça ressemble à un film » et « ça semble réel » est parlante. C'est encore dans cette optique que le cinéma nous a rendu familière l'expérience paradoxale que Merleau-Ponty décrit à propos de la peinture :

> Je serais bien en peine de dire où est le tableau que je regarde. Car je ne le regarde pas comme on regarde une chose, je ne le fixe pas en son lieu, [...] je vois selon ou avec le tableau plutôt que je ne le vois [1].

Si donc l'image n'est pas « une seconde chose », c'est bien en vertu de sa précession réciproque avec « ce qui est ». En retour, c'est précisément grâce à cette précession réciproque que nous voyons « selon ou avec » les images. Le cinéma a rendu manifestes dans notre expérience les liens entre ces trois formulations de Merleau-Ponty, mais nous venons simplement de commencer à faire de la philosophie selon leurs implications et leurs conséquences.

---

d'indéterminabilité, d'indiscernabilité : on ne sait plus ce qui est imaginaire ou réel, physique ou mental dans la situation, non pas qu'on les confonde, mais parce qu'on n'a pas à le savoir et qu'il n'y a même plus lieu de le demander. C'est comme si le réel et l'imaginaire couraient l'un derrière l'autre, se réfléchissaient l'un dans l'autre, autour d'un point d'indiscernabilité » (G. Deleuze, *Cinéma 2. L'image-temps*, Paris, Minuit, 1985, p. 15). Pour une mise en perspective cinématographique des réflexions sur les images de Deleuze et de Merleau-Ponty, *cf.* O. Fahle, « La visibilité du monde. Deleuze, Merleau-Ponty et le cinéma », dans A. Beaulieu (éd.), *Gilles Deleuze. Héritage philosophique*, Paris, P.U.F., 2005, p. 123-143.
1. M. Merleau-Ponty, *L'œil et l'esprit*, p. 23.

# chapitre 5

## *la lumière de la chair : instances anti-platoniciennes et traces néoplatoniciennes dans la pensée du dernier Merleau-Ponty*

> J'aime l'art d'aujourd'hui parce que
> j'aime avant tout la Lumière »
> (Guillaume Apollinaire)

## « une nouvelle idée de la lumière »

Dans les réflexions que Merleau-Ponty a consacrées au cinéma, mes analyses précédentes m'ont amené à souligner que l'attention programmatique pour l'*apparaître* – celle qui donne à la phénoménologie son nom lui-même – se conjugue et se nourrit de la considération prioritaire de l'*ensemble*, qui conduit la *Gestalttheorie* à affirmer le caractère indécomposable des phénomènes perçus. Pour une part, cela infléchit ces réflexions vers une conception de la perception comme *montage* opéré selon la logique particulière qui unit notre corps au monde. Pour une autre part, cela implique des critiques toujours plus profondes envers la métaphysique entendue comme pensée qui situe, à l'inverse, le vrai *au-delà* de l'apparaître lui-même. Des telles critiques conduisent la pensée du dernier Merleau-Ponty à chercher à concevoir la donation du vrai, non plus en suivant l'opposition traditionnelle – que Platon a construite dans le mythe de la caverne – entre les ombres trompeuses de ce qui apparaît et la lumière pure qui émane de la vérité, mais sur la base d'une *complémentarité d'essence entre la lumière et l'ombre.*

Parmi les constantes qui traversent les derniers cours donnés par Merleau-Ponty au Collège de France, on trouve de fait la recherche de ce qu'il définit – dans les notes préparatoires au cours intitulé « Philosophie et non-philosophie depuis Hegel » – comme « une nouvelle idée de la lumière », en expliquant à cette occasion que

> le vrai est de soi *zweideutig* […]. La *Vieldeutigkeit* n'est pas ombre à éliminer de la vraie lumière [1].

Évidemment cela ne peut que suggérer aussi la nécessité d'une *réhabilitation ontologique de la surface sur laquelle l'apparaître se montre*, surface qu'il ne faut plus penser comme un *voile* qui cacherait le vrai et qui serait donc à lever ou même à percer, mais comme un *écran* qui s'avère être – tout comme dans le rapport entre le fond et la figure ou dans la perception du mouvement stroboscopique [2] – la condition décisive pour *faire voir* les images où la vérité se manifeste. On pourrait dès lors caractériser cette réhabilitation comme l'affirmation progressive d'une manière différente de concevoir la donation du vrai, qui passe d'une configuration *théâtrale* – à savoir, par antonomase, *représentative* : qui s'ouvre par l'ouverture du rideau – à une configuration *cinématographique*.

En somme, la réhabilitation ontologique de la surface, qui conduit à considérer l'écran comme la condition de possibilité

---

1. M. Merleau-Ponty, *Notes des cours au Collège de France 1958-1959 et 1960-1961*, p. 305.
2. Dans ses notes préparatoires au cours de 1952-53 Merleau-Ponty tient à souligner que ces deux phénomènes sont « du même ordre » (*MSME*, 65). *Cf.* aussi la note suivante : « idée que mouvement = apparenté à appréhension de figure sur fond » (*MSME*, 63).

de la vision, ne fait qu'un avec « une nouvelle idée de la lumière » en tant qu'elle est *inséparable* de l'ombre, puisque c'est justement le fond de l'écran qui *rend visible* la vérité de l'apparaître commun et réciproque de l'ombre et de la lumière.

Parmi les auteurs avec lesquels Merleau-Ponty se confronte à cet égard dans ses derniers cours, outre Hegel et Nietzsche[1], se trouvent aussi Schelling (dont je parlerai en faisant surtout référence à l'interprétation magistrale d'un grand spécialiste italien de sa pensée : Francesco Moiso, malheureusement disparu il y a quelques années[2]), Descartes (que mon analyse n'évoquera qu'indirectement), et Proust, sur qui je me concentrerai avant tout. Outre ces références, il faut encore signaler celle, récurrente dans les derniers textes et les dernières notes de Merleau-Ponty, qui va à un passage d'Hermès Trismégiste, extrait d'un article important du peintre Robert Delaunay écrit en 1912 (et traduit en allemand par Paul Klee[3]), et auquel Merleau-Ponty ne fait de référence explicite que dans *L'œil et l'esprit*.

L'article de Delaunay, intitulé de manière significative « La Lumière », aboutit à la conclusion que « la peinture est proprement un langage lumineux », et cela juste après avoir cité

---

1. Il s'agit du Nietzsche de la « Préface à la deuxième édition » (1886) du *Gai Savoir*, dont j'ai déjà eu l'occasion de citer, dans le deuxième chapitre, une phrase qu'il est utile de rappeler ici dans la traduction de Merleau-Ponty lui-même : « nous ne croyons plus que la vérité demeure vérité si on lui enlève son *voile* » (M. Merleau-Ponty, *Notes des cours au Collège de France 1958-1959 et 1960-1961*, p. 277, *je souligne*).

2. Concernant la recherche des traces d'une « nouvelle idée de la lumière » dans la pensée de Schelling, que Merleau-Ponty analyse dans le premier des trois cours sur le « concept de Nature », *cf.* F. Moiso, « Una ragione all'altezza della natura. La convergenza fra Schelling e Merleau-Ponty », *Chiasmi*, n. 1, 1998, p. 83-90.

3. À ce sujet *cf.* G. A. Johnson, *The Retrieval of the Beautiful : Thinking Through Merleau-Ponty's Aesthetics*, *op. cit.*, p. 107 *sq.*

cette phrase hermétique du *Pimandre* : « *Bientôt descendirent des ténèbres ... et il en sortit un cri inarticulé qui semblait la Voix de la lumière* »[1].

Dans *L'œil et l'esprit* Merleau-Ponty le confirme : « L'art [...] est vraiment le "cri inarticulé" dont parle Hermès Trismégiste, "qui semblait la voix de la lumière". Et, une fois là, il réveille dans la vision ordinaire des puissances dormantes un secret de préexistence. [...] C'est cette animation interne, ce rayonnement du visible que le peintre cherche sous les noms de profondeur, d'espace, de couleur »[2].

L'écho de la phrase d'Hermès Trismégiste revient deux fois dans les notes préparatoires de l'autre cours de Merleau-Ponty interrompu, comme le fut aussi « Philosophie et non-philosophie depuis Hegel », par sa mort soudaine : le cours, déjà mentionné dans le chapitre précédent, qui s'intitule « L'ontologie cartésienne et l'ontologie d'aujourd'hui ». On sait que les notes de ce cours voient l'art et la littérature contemporains converger dans l'expression d'une mutation ontologique dont ils semblent permettre de mieux préciser les traits. C'est précisément dans cette évaluation de fond que la caractérisation de la peinture proposée par Delaunay est évoquée par une première citation des termes d'Hermès Trismégiste. Ceux-ci permettent de décrire l'activité picturale par la réversibilité entre voir et être vu, que Merleau-Ponty y trouve présentée de manière exemplaire, c'est-à-dire par une indistinction de l'activité et de la passivité dans laquelle semble s'exprimer

1. R. Delaunay, « La Lumière », dans *Du cubisme à l'art abstrait. Cahiers inédits de R. Delaunay*, Documents inédits publiés par P. Francastel, « Bibliothèque générale de l'Ecole Pratique des Hautes Etudes », Paris, S.E.V.P.E.N., 1957, p. 150.
2. M. Merleau-Ponty, *L'œil et l'esprit*, p. 70-71.

– prendre « voix », justement – la réflexivité de l'être même, ou bien, en langage néoplatonicien, la réflexivité de la « lumière ». Ces termes se soustraient en somme au face-à-face du sujet et de l'objet imposé par l'ontologie cartésienne. En effet, la deuxième fois que Merleau-Ponty évoque les termes d'Hermès Trismégiste, c'est pour les opposer à ceux de Descartes dans cette note concise : « "Lumière naturelle" et "cri de la lumière" » [1].

Les termes qui décrivent la littérature contemporaine dans les notes du même cours sont analogues. Merleau-Ponty s'attarde spécialement sur l'œuvre de Proust, comme je l'ai déjà indiqué, en particulier sur les pages où il pense rencontrer une conception des idées qu'il commente ainsi : « On dit platonisme, mais ces idées sont sans soleil intelligible, et apparentées à la lumière visible » [2]. Dès lors, il n'est pas surprenant de relever que les pages de Proust dans lesquelles Merleau-Ponty trouve la trace d'une « nouvelle idée de la lumière » sont précisément celles qui semblent esquisser une théorie anti-platonicienne des idées. Ce qui peut paraître surprenant, c'est plutôt la convergence que Merleau-Ponty suggère entre ces traces et la phrase tirée d'un texte-clé pour le néoplatonisme comme *Le Pimandre*.

## des « idées sans soleil intelligible » : Proust

Les pages proustiennes que Merleau-Ponty commente – et que nous avons déjà rencontrées puisqu'il ne cesse de s'y référer dans tout le parcours de sa réflexion – sont celles du premier

1. M. Merleau-Ponty, *Notes des cours au Collège de France 1958-1959 et 1960-1961*, p. 182.
2. *Ibid.*, p. 194.

volume de la *Recherche* dans lesquelles Proust distingue les « idées musicales » – mais aussi les idées littéraires, ainsi que « les notions de la lumière, du son, du relief, de la volupté physique, qui sont les riches possessions dont se diversifie et se pare notre domaine intérieur » – des « idées de l'intelligence », les premières étant avant tout caractérisées par le fait qu'elles sont « voilées de ténèbres » et par conséquent « impénétrables à l'intelligence, mais [qu'elles] n'en sont pas moins parfaitement distinctes les unes des autres, inégales entre elles de valeur et de signification »[1].

Dans la mesure où elles examinent à nouveau les mêmes pages de Proust que Merleau-Ponty était en train de commenter dans le manuscrit du *Visible et l'invisible* au moment de sa mort, les notes préparatoires considérées ici acquièrent un intérêt supplémentaire, suggérant les développements possibles de ce commentaire[2].

Comme on le sait, ce dernier définissait déjà comme « sensibles » les idées décrites par Proust[3], en tant qu'elles ne sont pas séparables de leur présentation sensible. Par conséquent, d'un côté, elles apparaissent offertes à notre finitude sensible, et de l'autre côté, elles s'avèrent, à la différence des « idées de l'intelligence », impossibles à isoler comme entités positives et activement saisissables. C'est pourquoi Merleau-Ponty interprète cette caractérisation proustienne en un sens essentiellement anti-platonicien.

---

1. Pour les pages proustiennes auxquelles je me réfère ici et par la suite, cf. *Du côté de chez Swann*, *op. cit.*, p. 343-345.
2. J'ai déjà eu l'occasion d'analyser le commentaire que *Le visible et l'invisible* propose de ces pages dans mon livre *La visibilité de l'invisible*, *op. cit.*, p. 132 *sq.*, auquel je me permets de renvoyer ici.
3. *Cf.* M. Merleau-Ponty, *Le visible et l'invisible*, p. 198.

Pour leur part, les notes de cours avancent en considérant les motifs pour lesquels de telles idées sont assimilées par Proust « notamment »[1] à la lumière : à la « lumière visible », comme nous l'avons vu, et non pas à la lumière de l'*intuitus mentis* cartésien[2]. En effet Proust écrit :

> Tant que nous vivons, nous ne pouvons pas plus faire que nous ne les ayons connues que nous ne le pouvons pour quelque objet réel, que nous ne pouvons par exemple douter de la lumière de la lampe qu'on allume devant les objets métamorphosés de notre chambre d'où s'est échappé jusqu'au souvenir de l'obscurité[3].

Merleau-Ponty commente : « La lumière n'est pas un *quale*, c'est l'impossibilité de l'*obscurité*, [...] la luminosité est structure de l'être : Éternité de la lumière pendant qu'elle est »[4]. Tout comme celle avec la lumière, la rencontre avec des idées telles que la « conception de l'amour et du bonheur » irradiée par la Sonate de Vinteuil est dès lors – explique Merleau-Ponty – « initiation à un *monde*, à une petite éternité, à une dimension désormais inaliénable – Universalité par singularité »[5]. Si donc « les notions du visible ressemblent aux idées musicales », observe Merleau-Ponty, c'est que les unes et les autres sont des « présences par rayonnement »[6]. Car, poursuit-il, « ici comme là, dans [la] lumière comme dans [l']idée musicale, on a une idée qui n'est pas *ce que* nous voyons, mais derrière »[7]. Là où une telle transcendance nous empêche de

---

1. M. Merleau-Ponty, *Notes des cours au Collège de France 1958-1959 et 1960-1961*, p. 194.
2. Cf. *ibid.*
3. M. Proust, *Du côté de chez Swann*, op. cit., p. 344.
4. M. Merleau-Ponty, *Notes des cours au Collège de France 1958-1959 et 1960-1961*, p. 193.
5. *Ibid*, p. 196.
6. *Ibid*.
7. *Ibid*.

prendre possession de ces idées – de *les saisir conceptuellement*, puisque, tout comme la lumière, elles sont insaisissables –, cette transcendance les oblige en revanche à se montrer – exactement comme la lumière – dans cela même qu'elles éclairent : c'est ce qui advient à une idée particulière de l'amour dans l'écoute de la musique qui, à une certaine époque, avait été « l'air national » de l'amour entre Swann et Odette.

Dans ce sens, lorsque Proust écrit que les notions « de la lumière, du son, du relief, de la volupté physique » sont « les riches possessions dont se diversifie et se pare notre domaine intérieur », dont se pare donc « cette grande nuit impénétrée et décourageante de notre âme que nous prenons pour du vide et du néant », Merleau-Ponty commente : « Donc, réalité nocturne de l'âme, des incorporels – qui n'est pas rien – mais qui a besoin de se ˮparerˮ du visible – qui est comme envers du visible »[1]. Cette « réalité » a besoin, en somme, comme l'écrit encore Proust, d'épouser « notre condition mortelle », elle a besoin de s'inscrire dans notre expérience en se révélant comme son « chiffr[e] ou doublur[e] », pour se montrer au moins dans « l'onirisme (rêve) du sensible »[2]. L'inaliénabilité des idées sensibles par rapport à notre vie constituera alors ce que Merleau-Ponty appelle une « petite éternité », en évoquant encore une fois le caractère indestructible du temps mythique dont il a été question dans le dernier paragraphe du chapitre précédent.

Par ailleurs, si Merleau-Ponty interprète ici la relation entre le sensible et l'idéal en usant d'une référence cruciale à l'exemple de la lumière, cette interprétation témoigne cependant d'une

1. M. Merleau-Ponty, *Notes des cours au Collège de France 1958-1959 et 1960-1961*, p. 195.
2. *Ibid.*, p. 194.

136

grande distance à l'égard de la démarche néoplatonicienne, puisque cette dernière caractérise la lumière non pas comme *visible*, mais comme *métaphysique*. En effet, le néoplatonisme ne célèbre le sensible que dans la mesure où ce dernier ne cesse de renvoyer à une *altérité* suprasensible, en ouvrant ainsi à l'homme – on a vu dans le troisième chapitre que Panofsky le souligne à propos de Plotin – « une perspective sur le monde des Idées, mais en même temps [en] la lui *voil[ant]* » [1].

Dans la conception de Merleau-Ponty, comme dans la citation de Nietzsche qu'il a traduite et que j'ai rappelée au début du présent chapitre [2], c'est précisément la question du « voile » du sensible qui se trouve radicalement transformée : au lieu d'*occulter* les idées, ce voile – dont la lumière est, de manière significative, une composante essentielle – les *rend visibles*, en se découvrant ainsi comme la possibilité même de leur rayonnement. En quoi consiste dès lors la convergence suggérée par Merleau-Ponty entre ces traces d'une « nouvelle idée de la lumière » et la caractérisation de la lumière contenue dans la phrase de Hermès Trismégiste ?

Pour répondre à cette question, il convient de se référer à la quatrième occurrence de cette phrase dans un passage des derniers écrits de Merleau-Ponty. Ce passage fait partie du « Brouillon d'une rédaction », daté d'octobre 1960, du chapitre « Interrogation et intuition » du *Visible et l'invisible* ; il sera remplacé par une version ultérieure et enfin publié avec les notes des derniers cours de Merleau-Ponty portant « sur la possibilité de la philosophie aujourd'hui ». Les pages dans

---

1. E. Panofsky, *Idea. Contribution à l'histoire du concept de l'ancienne théorie de l'art*, *op. cit.*, p. 47-48 (*je souligne*).
2. Cf. *supra*, p. 131, note 1.

lesquelles ce passage apparaît portent également sur cette question. Elles s'appliquent en particulier à refuser la tendance récurrente de la philosophie à considérer « le langage comme un écran entre elle-même et l'être »[1]. Merleau-Ponty oppose à cette tendance le fait que la parole, et même la parole philosophique, se trouve préfigurée dans notre expérience sensible par l'auto-organisation d'un « sens tacite »[2], à savoir par ce qu'il définissait déjà dans la *Phénoménologie de la perception* – avec Husserl – comme « logos du monde esthétique », ou encore ce qu'il qualifie, en recourant à une toute autre tradition, de « λόγος ἐνδιάθετος qui appelle le λόγος προφορικός »[3], dans une note de travail du *Visible et l'invisible* déjà rappelée et sur laquelle je devrai revenir : c'est précisément ce qu'il assimile, dans le passage examiné ici, à « ce qu'Hermès Trismégiste appelait "le cri de la lumière" »[4].

Si donc, plutôt que de présenter cet insurmontable obstacle à la contemplation de l'être qu'on a souvent cru y trouver, l'« écran » du langage dont parle Merleau-Ponty s'offre à la philosophie pour montrer l'esquisse d'un logos « proféré », c'est parce que ce qui arrive à s'y articuler se trouve sollicité et même *invoqué* par le « cri » d'un sens qui, pour sa part, *allume sa propre lumière* sur un autre écran, sur un autre voile : celui du sensible, lequel, plutôt que de cacher de manière

1. M. Merleau-Ponty, *Notes des cours au Collège de France 1958-1959 et 1960-1961*, p. 372.
2. *Ibid.*, p. 373.
3. M. Merleau-Ponty, *Le visible et l'invisible*, p. 224. Sur les motifs du recours de Merleau-Ponty à la distinction entre *logos endiáthetos* et *logos prophorikós* opérée par le philosophe juif Philon d'Alexandrie et par Plutarque, puis reprise par les Pères de l'Église, *cf.* P. Burke, « *La creatività e l'inconscio in Merleau-Ponty e Schelling* », *Chiasmi*, n. 1, 1998, p. 56 *sq.*
4. M. Merleau-Ponty, *Notes des cours au Collège de France 1958-1959 et 1960-1961*, p. 373.

platonicienne, se révèle finalement comme possibilité de *rendre visible*.

## la lumière diffuse du logos : Schelling

Une telle démarche explique alors pourquoi — comme le souligne Moiso dans l'intervention que j'évoquais au début — « Merleau-Ponty indique que le moment le plus intéressant de la *Naturphilosophie* de Schelling est précisément la conception de la lumière »[1]. Moiso montre en effet comment Merleau-Ponty reconnaît à juste titre dans cette conception l'idée d'une « raison diffuse »[2] dans la Nature qui, pour ce motif, peut donc *pré-tendre* au « dire-recueillir » du *logos*[3]. C'est pourquoi Merleau-Ponty rappelle, citant le livre de Jaspers[4], comment Schelling déplore que chez Fichte « la lumière n[e soit] qu'un moyen, [qu'] elle n[e soit] "nullement le symbole du savoir primordial [*Urwissen*] et éternel qui est incorporé [*eingebildet*] dans la nature" »[5].

Merleau-Ponty considère donc que la conception selon laquelle « la luminosité est structure de l'être » est partagée par Schelling, au point qu'il lui prête sa propre terminologie lorsqu'il nous avertit du fait que « refuser ce [...] sens de l'Être, c'est faire disparaître tout rapport charnel avec la Nature »[6]. En effet, c'est seulement si, dans l'être dont nous-mêmes faisons partie, la luminosité est *diffuse de manière*

1. F. Moiso, « Una ragione all'altezza della natura. La convergenza fra Schelling e Merleau-Ponty », art. cit., p. 85.
2. *Ibid.*, en particulier p. 83-84.
3. *Ibid.*, p. 83.
4. *Cf.* K. Jaspers, *Schelling*, München, Piper, 1955, p. 291.
5. M. Merleau-Ponty, *La Nature. Notes. Cours du Collège de France*, p. 66.
6. *Ibid.*, p. 67.

*structurelle* (et qu'elle maintient par conséquent son *lien essentiel avec l'ombre*), qu'elle peut se recueillir dans le *foyer* d'un sens, qui toutefois n'est pas « tout à fait lui-même sans l'homme qui achève ce sens »[1], précise Merleau-Ponty. Autrement dit, c'est seulement en tant que *toujours déjà diffuse dans la chair* dont nous sommes nous-mêmes tissés, qu'à travers nous cette luminosité pourra *se concentrer* dans le foyer d'un sens, sans que pour autant il faille invoquer l'intervention extérieure d'un principe métaphysique ou subjectiviste (ce dernier n'étant qu'une variante du premier).

Dès lors, dans le commentaire de Merleau-Ponty sur Schelling apparaissent quelques lignes qui – comme le souligne encore Moiso – « signalent un lieu important de réflexion merleau-pontienne calquant presque fidèlement la pensée schellingienne »[2]. Les voici :

> La lumière peut-elle être considérée comme de la matière ; mais la lumière est aussi autre chose, elle est subtile, elle pénètre partout, elle explore le champ promu par notre regard et le prépare à être lu. La lumière est une sorte de concept qui se promène dans les apparences ; elle n'a pas d'existence subjective, sauf lorsqu'elle devient pour nous. La lumière ne sait pas le monde, mais je vois le monde grâce à la lumière[3].

Ce que Moiso commente en ces termes : « Donc la lumière est un savoir, parce que le savoir du monde ne peut pas être au-dehors de la lumière, mais en même temps, ce savoir est simplement la possibilité de voir le monde grâce à elle [...]

---

1. M. Merleau-Ponty, *La Nature. Notes. Cours du Collège de France*.
2. F. Moiso, « Una ragione all' altezza della natura. La convergenza fra Schelling e Merleau-Ponty », art. cit., p. 85.
3. M. Merleau-Ponty, *La Nature. Notes. Cours du Collège de France*, p. 67.

dans le sens où Schelling parlait en 1804 d'une raison diffuse, cherchant par là à préparer un savoir qui ne serait pas encore savoir, mais qui serait dans le même temps le fondement du savoir » [1].

## les ténèbres et la voix de la lumière : Hermès Trismégiste (chair comme *chôra*)

Pourvus de ce bagage, revenons à la phrase d'Hermès Trismégiste. Ou plutôt, allons aux pages du *Poimandrès*, œuvre dont le passage commenté par Delaunay et repris par Merleau-Ponty est extrait. Il faut d'ailleurs souligner que Merleau-Ponty cite toujours ce passage dans les termes de l'article de Delaunay, au lieu de recourir directement à la traduction française de l'ouvrage, qui était déjà disponible dans la version philologiquement sûre publiée par André-Jean Festugière en 1945 [2].

Les pages du *Pimandre* d'où cette phrase est tirée sont les premières. On y lit comment *Poimandrès* offre au fidèle en méditation la vision révélatrice suivante :

> Et subitement tout s'ouvrit devant moi en un moment, et je vois une vision sans limites, tout devenu lumière, sereine et joyeuse, et, l'ayant vue, je m'épris d'elle. Et peu après, il y avait une obscurité se portant vers le bas, survenue à son tour, effrayante et sombre, qui s'était roulée en spirales tortueuses, pareille à un serpent, à ce qu'il me sembla. Puis cette obscurité se change en une sorte de nature humide, secouée d'une manière indicible et

1. F. Moiso, « Una ragione all'altezza della natura. La convergenza fra Schelling e Merleau-Ponty », art. cit., p. 86.
2. Hermès Trismégiste, *Corpus Hermeticum*, tome I, *Poimandrès*, Traités I-XII, texte établi par A. D. Nock et traduit par A.-J. Festugière, Paris, Les Belles Lettres, 1945, p. 7-28.

exhalant une vapeur, comme il en sort du feu, et produisant une sorte de son, un gémissement indescriptible. Puis il en jaillissait un cri d'appel, sans articulation, tel que je le comparais à une voix de feu, cependant que, sortant de la lumière…, un Verbe saint vint couvrir la Nature, et un feu sans mélange s'élança hors de la nature humide en haut vers la région sublime [1].

Il est évident que nous sommes ici face à une vision cosmogonique dans laquelle est rappelée la reconstruction mythique de la démiurgie du cosmos exposée par Platon dans le *Timée*. Cette reconstruction, comme on le sait, s'élargit en passant de la considération de deux à celle de trois espèces, dans la deuxième partie du discours de Timée :

En effet, les deux premières sortes suffisaient pour notre exposition antérieure. L'une, nous avions supposé que c'était l'espèce du Modèle, espèce intelligible et immuable ; la seconde, copie du Modèle, était sujette à la naissance et visible. Nous n'en avions pas alors distinguée une troisième, parce que nous avions estimé que ces deux-là suffisaient. Mais, maintenant, la suite de notre raisonnement semble nous contraindre à tenter de faire concevoir par nos paroles, cette troisième espèce, laquelle est difficile et obscure. Quelles propriétés faut-il supposer qu'elle a naturellement ? Avant tout quelqu'une de ce genre : de toute naissance elle est le support et comme la nourrice [τιθήνην] [2].

La troisième espèce introduite ici est donc la *chôra*, que Platon relie aux deux autres en recourant à un mythe généalogique. Sa reconstruction se dispose ainsi à penser la question cosmogonique en termes de filiation :

1. Hermès Trismégiste, *Corpus Hermeticum*, op. cit., p. 7-8.
2. Platon, *Timée*, 49 a, dans *Œuvres complètes*, tome X, texte établi et traduit par A. Rivaud, Paris, Les Belles-Lettres, 1925, p. 167.

Pour le moment qu'il suffise de bien se fixer dans l'esprit ces trois genres d'être : ce qui naît, ce en quoi cela naît, et ce à la ressemblance de quoi se développe ce qui naît. Et il convient de comparer le réceptacle à une mère, le modèle à un père, et la nature intermédiaire entre les deux à un enfant. De plus, il faut bien concevoir ceci : l'empreinte devant être très diverse et présenter à l'œil toutes les variétés, ce en quoi se forme cette empreinte serait mal propre à la recevoir, si cela n'était pas absolument exempt de toutes les figures que cela doit recevoir de quelque part ailleurs [1].

A son tour, Poimandrès reprend ces termes de filiation en guise d'explication de la vision révélatrice citée précédemment :

Cette lumière [...] c'est moi, Noûs, ton Dieu, celui qui existe avant la nature humide qui est apparue hors de l'obscurité. Quant au Verbe lumineux issu du Noûs, c'est le fils de Dieu [2].

Focalisons alors notre attention sur les caractères que Platon assigne à cette « nature humide qui est apparue hors de l'obscurité » – la *chôra* – dans cette perspective généalogique de filiation :

Aussi ne dirons-nous pas que la mère et le réceptacle de tout ce qui naît, de tout ce qui est visible et d'une manière générale, objet de sensation, est terre ni air ni feu ni aucune des choses qui naissent de celles-là ou desquelles celles-là naissent. Mais, si nous en disions qu'elle est une certaine espèce invisible [ἀνόρατον] et sans forme [ἄμορφον], qui reçoit tout et participe de l'intelligible d'une manière très embarrassante et très difficile à entendre, nous ne mentirons point. Et, autant qu'il est possible, d'après ce qui a été dit, d'approcher de la connaissance de sa nature, voici ce qu'on en pourrait affirmer de plus exact :

1. Platon, *Timée*, 50 c-e, trad. cit., p. 169.
2. Hermès Trismégiste, *Corpus Hermeticum*, tome I, *Poimandrès*, *op. cit.*, p. 8.

> toujours la portion de cette réalité qui est enflammée paraît flamme, la partie humidifiée paraît élément humide, et elle semble terre ou air, suivant la proportion dans laquelle elle reçoit les images [μιμήματα] de la terre ou de l'air[1].

Selon cette perspective généalogique, la *chôra* platonicienne s'avère en somme être une « troisième espèce » matricielle qui reçoit de la première – celle des modèles immuables, des idées – les *images* (μιμήματα), dont elle genere des copies sensibles. Dans la phrase du *Pimandre* citée par Delaunay, Merleau-Ponty semble cependant trouver la description d'une « espèce » qui n'est pas informée par un modèle extérieur, mais qui est *tout ensemble amorphe et informatrice*[2] d'elle-même, puisque de ses ténèbres mêmes semble émaner ce « cri inarticulé qui semblait la voix de la lumière ». Cette « espèce » est ainsi tout à la fois obscurité informe et luminosité structurelle, qui en se propageant différencie et les vivants et les choses, c'est-à-dire leur confère une identité individuelle qui ne les coupe pourtant pas de l'obscurité de ce que nous pouvons appeler, en référence à une expression d'Anaxagore souvent citée par Merleau-Ponty[3], leur « être ensemble », à savoir leur être entrelacés dans la même chair. C'est précisément un principe ontologique semblable (non pas « troisième », mais plutôt *tissu unique de différences en différenciation constante*) que Merleau-Ponty cherchait à élaborer sous le nom de « chair » ou, comme nous l'avons vu en traitant de Schelling, sous le nom de « Nature ». S'agissant de cette dernière, ce n'est donc pas par hasard que

1. Platon, *Timée*, 51 a-b, trad.cit., p. 169-170.
2. Je dois plusieurs aspects de cette interprétation à J.-J. Wunenburger, *Philosophie des images*, Paris, P.U.F., 1997.
3. Cf. *supra*, p. 20, note 4.

dans une note de travail du *Visible et l'invisible* il affirme justement : « c'est la chair, la mère » [1].

Ce que Merleau-Ponty cherchait à élaborer se révèle donc une sorte de *chôra* qui n'est pas façonnée *à la lumière* de modèles externes et préalables, puisque c'est en elle-même que se différencient – *venant ainsi à la lumière* – ces images qui, en entrant en résonance les unes avec les autres, pourront éventuellement se sédimenter en modèles, qui s'avèreront ainsi être des *modèles produits*. Ces derniers, à leur tour, resteront toutefois souterrainement *inséparables* de ces images, comme l'enseignent les « idées sensibles » décrites par Proust. Et, nous le savons déjà, décrire des idées inséparables de la chair en laquelle elles se manifestent – qu'elle soit le « voile » du sensible ou l'« écran » des mots – signifie décrire les rayons d'une lumière qui ne *se montre que dans le filigrane qu'elle montre*. Lumière *de la* chair, donc, dans le double sens de ce génitif : lumière qui peut illuminer la chair, certes, mais seulement en tant qu'elle est diffusée par la chair elle-même. C'est cette lumière que, dans la phrase citée par Delaunay, Hermès Trismégiste semble assimiler au cri émanant *des ténèbres mêmes*.

Pour Merleau-Ponty, la chair est donc condition de possibilité en tant qu'elle est condition de visibilité par différence : en cela consiste sa luminosité structurelle. Être visible signifie alors arrêter cette luminosité qui dessine les contours individuels et, *avec eux*, leur ombre ; une ombre qui ne s'avèrerait par conséquent trompeuse, *fausse*, que si elle était séparée de la

---

1. M. Merleau-Ponty, *Le visible et l'invisible*, p. 321.

luminosité qui l'a produite, à savoir si l'on prétendait que cette luminosité *ne* lui est *pas* liée *par essence*.

De plus, si nous nous rappelons les éléments du néoplatonisme qui attribuent à Dieu une imagination créatrice, nous pouvons penser cette sorte de *chôra* que Merleau-Ponty cherchait à élaborer comme la condition de possibilité de la création – création qui toutefois *nous* reste confiée, comme nous l'avons lu dans le commentaire de Schelling – des images dont elle accueillera ensuite, sous *forme* de *modèles*, la mémoire.

De nombreux éléments déployés ici trouvent une clarification mutuelle dans une note de travail très dense du *Visible et l'invisible*, à laquelle j'ai déjà fait référence précédemment, et où, de manière significative, l'un des caractères décisifs que Platon attribue à la *chôra* est évoqué. Lisons cette note pour conclure :

> Le monde perceptif « amorphe » dont je parlais à propos de la peinture, – ressource perpétuelle pour refaire de la peinture, – qui ne contient aucun mode d'expression et qui pourtant les appelle et les exige tous et re-suscite avec chaque peintre un nouvel effort d'expression – ce monde perceptif [...] est plus que toute peinture, que toute parole, que toute « attitude », et [...], saisi par la philosophie dans son universalité, apparaît comme contenant tout ce qui sera jamais dit, et nous laissant pourtant à le créer (Proust) : c'est le λόγος ἐνδιάθετος qui appelle le λόγος προφορικός – [1].

---

1. M. Merleau-Ponty, *Le visible et l'invisible*, p. 223-224.

# *les idées sensibles entre vie et philosophie*

## l'« a-philosophie »

On sait que, dans *L'œil et l'esprit*, Merleau-Ponty note que les tableaux modernes lui donnent l'impression qu'à notre époque, le rapport des hommes à eux-mêmes, aux autres, aux choses et au monde – c'est ce nœud de rapports qui constitue pour lui ce que nous appelons l'Être – ne se manifeste pas de la même manière que dans le passé[1].

Pourquoi Merleau-Ponty affirme-t-il cela en se référant à la peinture ? Parce que la peinture du XXe siècle a ouvertement rejeté toute hypothèse mimétique, comme en témoigne par exemple la célèbre déclaration de Paul Klee par laquelle j'ai ouvert le troisième chapitre de ce travail : « l'art ne reproduit pas le visible ; il rend visible ». Or, rejeter toute hypothèse mimétique signifie rejeter l'idée que le monde est un spectacle qui se déploie sous mes yeux et que la peinture serait appelée à *représenter*, la toile étant alors conçue comme une fenêtre ou un miroir et l'image comme « une seconde chose ». Dès lors, rejeter l'hypothèse mimétique signifie implicitement remettre en question les notions décrivant traditionnellement notre rapport avec l'Être, telle celle de l'*opposition* entre le sujet et l'objet, lequel est censé désigner ce qui se tient *en face* de nous. Dans cette perspective traditionnelle, le monde apparaît

1. *Cf.* M. Merleau-Ponty, *L'œil et l'esprit*, p. 63.

comme le « grand objet » dans lequel je ne suis pas moi-même impliqué : il constitue le spectacle que je suis censé représenter, soit picturalement sur la toile, soit conceptuellement dans la pensée. C'est pourquoi dans *L'œil et l'esprit* Merleau-Ponty écrit que chaque théorie de la peinture est une métaphysique[1], entendant par là que chaque théorie de la peinture implique l'idée d'un certain rapport à l'Être.

Mais, chez Merleau-Ponty, la référence à la peinture n'est pas la seule à témoigner de la mutation à l'œuvre dans les rapports de l'homme et de l'Être : dans les mêmes années, expliquant comment la science, ou plutôt *les sciences* du XXᵉ siècle ont modifié notre conception de la nature, il affirme que ce changement du concept scientifique de nature est, à son tour, le signe d'une mutation ontologique d'ensemble qui doit être absolument encouragée parce qu'elle est absolument nécessaire[2]. Selon lui, il s'agit en somme d'un processus qui est en acte et qu'il faut en même temps actualiser.

Merleau-Ponty voit agir ce processus de mutation dans des domaines très différents – la peinture ou les sciences physiques et biologiques, par exemple – mais dans des directions néanmoins convergentes, ce qui le conduit à parler d'une « pensée fondamentale »[3], on l'a vu, qui, selon lui, n'a pas encore trouvé le moyen de se réaliser en tant que philosophie explicite, c'est-à-dire n'a pas encore trouvé l'attitude et le langage pour se formuler dans ce que la tradition occidentale appelle, précisément, la « philosophie ».

---

1. *Cf.* M. Merleau-Ponty, *L'œil et l'esprit*, p. 42.
2. M. Merleau-Ponty, *La Nature. Notes. Cours du Collège de France*, p. 265.
3. M. Merleau-Ponty, *Notes des cours au Collège de France 1958-1959 et 1960-1961*, p. 163.

La direction et le but vers lesquels s'achemine la pensée du dernier Merleau-Ponty obligent donc à se poser les questions auxquelles je viens juste de faire allusion : si des sciences de la nature, ainsi que des expériences picturales – mais aussi littéraires, cinématographiques et musicales – émerge une nouvelle configuration des rapports entre l'homme et l'Être, l'idée de philosophie que la tradition occidentale a formulée sera-t-elle en mesure d'assumer l'attitude et le langage aptes à *dire* cette mutation ? Ou ne sera-t-il pas plutôt nécessaire de repenser l'idée même de philosophie ? Et dans ce cas, quelles mutations de l'idée de philosophie seront-elles nécessaires pour dire la mutation des rapports entre l'homme et l'Être ? Ces mutations indispensables à l'idée de philosophie seront-elles même possibles ? C'est-à-dire, nous permettront-elles, même au cas où nous réussirions à les imprimer à notre pensée, de parler encore de philosophie comme nous l'avons fait jusqu'ici ?

Afin de répondre à ces questions, dans ses derniers cours au Collège de France, Merleau-Ponty, d'une part, interrogeait *une certaine* tradition philosophique, celle à laquelle il avait le sentiment d'appartenir, celle qui ne pouvait éviter de prendre pour référence problématiquement fondamentale la pensée de Descartes et qui avait comme autres références, non moins fondamentales, les penseurs les plus importants du mouvement phénoménologique, Husserl et Heidegger. D'autre part, il se mettait à la recherche d'autres références auxquelles se confronter, interrogeant alors ce qu'il appelait, en usant d'une expression singulière, « l'histoire de l'a-philosophie » [1].

---

1. M. Merleau-Ponty, *Notes des cours au Collège de France 1958-1959 et 1960-1961*, p. 278.

Par cette expression, il entendait désigner une lignée – engagée selon lui par Hegel, poursuivie par Marx, Kierkegaard et Nietzsche, puis par Husserl et Heidegger eux-mêmes – dont les tentatives de pensée, au-delà des différentes options théoriques, ont voulu, chacune à sa manière, prendre parti pour ces domaines de l'expérience que la philosophie, telle qu'elle s'est traditionnellement constituée, a évincés du champ de sa recherche. Des tentatives de pensée qui ont en somme cherché à prendre le parti de la « non-philosophie ». Prôner les raisons de l'apparaître *avec* celles de l'être, comme le fait Hegel avec les principes fondamentaux de sa phénoménologie de l'esprit, prôner les raisons de l'expérience plutôt que celles de la pensée abstraite, ou encore les exigences de la vie plutôt que celles de la théorie – le Zarathoustra de Nietzsche s'exclame par exemple : « je vous en conjure mes frères, restez fidèles à la terre » –, prôner les raisons de l'en-deçà plutôt que l'au-delà de la métaphysique : voici, pense Merleau-Ponty, autant de tentatives pour penser les raisons de la non-philosophie contre l'identité traditionnelle dont la philosophie s'est pourvue.

Quand Merleau-Ponty parle d'« a-philosophie », il se réfère donc à une pensée qui sait faire sienne les raisons du *non philosophique* et qui sait aussi, grâce à celles-ci, transformer radicalement l'identité du *philosophique*. Pour le dire en écho à un passage que l'on trouve au début des notes de son cours intitulé « Philosophie et non-philosophie depuis Hegel », auquel je suis en train de faire référence :

> il s'agit [...] d'une philosophie qui veut être philosophie en étant non-philosophie [...], qui s'ouvre accès à l'absolu, non comme "au-delà", second ordre positif, mais comme autre ordre qui

exige l'en-deçà, le double, n'est accessible qu'à travers lui – la vrai philosophie se moque de la philosophie, est a-philosophie[1].

Ces paroles permettent de mesurer toute l'envergure de l'entreprise dans laquelle Merleau-Ponty se sentait impliqué. Mais à cinquante-trois ans, sa mort soudaine a interrompu sa recherche : il ne nous reste d'elle que quelques éléments absolument insuffisants pour restituer sans équivoque les indications d'une pensée à la hauteur de l'enjeu qu'elle s'était donné. Il s'agit plutôt d'éléments où la pensée *se cherche* en se confrontant aux sciences de la nature du XXe siècle, aux expériences picturales, littéraires et musicales contemporaines, et à certains courants de la tradition philosophique. Comme l'écrivait Merleau-Ponty, en se référant à Husserl, il s'agit d'une pensée qui circonscrit « un domaine à penser »[2], un domaine défini par des questions, des interrogations auxquelles on ne peut être fidèle et qu'on ne peut retrouver « qu'en pensant derechef »[3].

Plusieurs symptômes culturels convergent ainsi, selon Merleau-Ponty, vers l'expression d'un nouveau rapport entre l'homme et l'Être, et l'on sait que, dans ce panorama, Marcel Proust et sa *Recherche du temps perdu* occupent une place centrale, qu'il décrit ainsi dans *Le visible et l'invisible* : « Personne n'a été plus loin que Proust dans la fixation des rapports du visible et de l'invisible, dans la description d'une idée qui n'est pas le contraire du sensible, qui en est la doublure et la

---

1. M. Merleau-Ponty, *Notes des cours au Collège de France 1958-1959 et 1960-1961*, p. 275. Sur ce thème, qu'il me soit permis de renvoyer au deuxième chapitre de mon livre *The Thinking of the Sensible : Merleau-Ponty's A-Philosophy*, Evanston, Northwestern University Press, 2004, p. 14-27.

2. M. Merleau-Ponty, *Le philosophe et son ombre*, dans *Signes*, p. 202.

3. *Ibid.*

profondeur »[1]. Cette citation nous rappelle pourquoi Merleau-Ponty considère Proust comme une référence décisive pendant les dernières années de sa vie, qui sont caractérisées par la recherche à laquelle je suis en train de me référer. En effet elle souligne encore une fois qu'une formulation philosophique à la hauteur de notre nouveau rapport à l'Être passe par une description nouvelle des rapports du sensible et de l'intelligible, à savoir, par une théorie non platonicienne des idées – et donc des images – vers laquelle, selon Merleau-Ponty, Proust, plus que quiconque, a su s'avancer.

Il est clair qu'une théorie des idées ne peut qu'impliquer une théorie de leur genèse, c'est-à-dire une théorie de l'idéation, qui, à son tour, est indissociable d'une nouvelle conception de la relation entre activité et passivité, dont la distinction caractérise traditionnellement le « lieu » où, disons-nous d'ordinaire, les idées *adviennent* : ce lieu que nous appelons « sujet ». Mais sur ce point, nous sommes contraints de nous fonder sur des bribes de réflexions léguées par Merleau-Ponty. Je dois donc assumer la responsabilité de la pensée avancée ici[2].

## la genèse simultanée d'une idée et d'un creux

Cela dit, afin de comprendre quelle théorie de l'idéation, de la genèse des idées, peut provenir de l'intention non platonicienne que Merleau-Ponty trouve chez Proust, je me propose de partir d'une phrase de Merleau-Ponty lui-même et de chercher à comprendre quelles conséquences nous pouvons en tirer. Voici la phrase :

1. M. Merleau-Ponty, *Le visible et l'invisible*, p. 195.
2. Sur ce thème je me permets de renvoyer aussi à mon livre *Proust et les idées sensibles*, *op. cit.*

> Quand nous inventons une mélodie, la mélodie se chante en nous beaucoup plus que nous ne la chantons ; elle descend dans la gorge du chanteur, comme le dit Proust... le corps est suspendu à ce qu'il chante, la mélodie s'incarne et trouve en lui une espèce de servant [1].

Est-il possible de dire que nous sommes confrontés ici à la description de la genèse d'une idée ? Je dirais que oui. Nous nous trouvons face à la description de la genèse d'une idée musicale : une idée que l'on appelle « mélodie ». Or, quand nous l'inventons, comme nous venons de le lire, « la mélodie se chante en nous beaucoup plus que nous ne la chantons ». L'idéation consiste donc en une attitude dont nous avons entendu Merleau-Ponty parler ailleurs en termes de « laisser-être » : s'il est vrai que lorsque nous inventons une mélodie, elle « se chante en nous beaucoup plus que nous ne la chantons », nous pouvons en déduire qu'inventer est un *laisser-être* qui consiste à son tour – comme le suggère Merleau-Ponty en cette même occasion – à accorder au monde et aux choses « la *résonance* qu'ils exigent » [2].

Revenons maintenant à la citation précédente : « Quand nous inventons une mélodie, la mélodie se chante en nous beaucoup plus que nous ne la chantons ; elle descend dans la gorge du chanteur ». Nous pourrions dire que cet « inventer » entendu comme « laisser-être » consiste, en d'autres termes, en un *accueillir* qui est un *s'accorder* avec la rencontre du monde, et cela en un sens triple, mais intimement unitaire : laisser être la rencontre en *se* laissant être en elle dans l'entrée en résonance avec elle. C'est ainsi, en fait, que le chanteur accueille dans sa

---

1. M. Merleau-Ponty, *La Nature. Notes. Cours du Collège de France*, p. 228.
2. M. Merleau-Ponty, *Le visible et l'invisible*, p. 138 (*je souligne*).

gorge la mélodie qui y descend et qui se chante en lui. Mais si tout cela est vrai, nous qui sommes ceux qui inventent une mélodie en l'accueillant de cette manière, comment pouvons-nous nous définir? Nous pouvons dire que nous sommes les *creux* qui accueillent la mélodie, qui accueillent la naissance de cette idée.

Évidemment, ce serait une erreur de comprendre notre être-creux au sens d'être un pur et simple « réceptacle » de l'idée, pour reprendre le mot par lequel on sait que Platon caractérisait la *chôra* [1]. Ce serait une erreur pour au moins deux raisons. Tout d'abord, cela impliquerait de penser ce creux comme existant déjà *avant* que l'idée ne survienne, et donc de le penser précisément comme un creux qui se contente d'héberger une telle idée. Autrement dit, cela impliquerait de nous penser comme une *pure passivité*. En outre, nous réduire à un simple réceptacle toujours prêt à héberger une idée qui advient, suggérerait que *cette idée préexisterait comme telle « ailleurs »* et qu'elle se serait un jour décidée à tomber au sein de ce creux, à son tour préconstitué, que nous sommes.

Nous avons vu qu'il faut plutôt comprendre la description de la genèse de l'idée ainsi que la genèse de ce creux – que nous ne pouvons plus rigoureusement appeler « sujet » – comme la description de *deux aspects d'un même événement*, que nous pouvons caractériser comme une *mise en résonance réciproque*. Un événement qui consiste justement dans l'avènement *simultané* de l'idée et de notre être-creux. Un événement, donc, dont nous ne devons pas chercher à savoir s'il se passe en nous *ou bien* à l'extérieur de nous, puisqu'il nous est à la fois intérieur et

---

1. Cf. *supra*, p. 144, note 1.

extérieur, se produisant dans la rencontre et *comme* rencontre de l'intériorité et de l'extériorité : une rencontre qui, en tant qu'événement, est inévitablement éclairée par la lueur d'un *choc*. Il se produit comme une rencontre qui parcourt le tissu de différences nous unissant au monde — ce tissu que Merleau-Ponty a baptisé « chair » — et qui fait résonner ce tissu, préciserait Deleuze, par des *effets* de ressemblance[1], ou même d'identité, désignés, dans ce cas-là, sous le nom d'« idées ». Simultanément, l'événement de la rencontre produit « une sorte de repliement, d'invagination » — il est intéressant de noter que ces termes sont utilisés et par Merleau-Ponty et par Deleuze[2] — d'un pan du tissu même de la chair, le pliant en un creux résonnant qui accueille et fait sédimenter l'idée qui est *advenue* dans la rencontre.

Partant, ni le creux ne préexiste à l'idée, ni l'idée au creux, mais les deux — mon devenir-creux où la mélodie résonne *et* la mise en forme de la mélodie par la résonance — surgissent *ensemble* : pour le dire avec les mots de Paul Claudel, elles « co-naissent »[3]. C'est-à-dire, elles naissent ensemble et *dans une indistinction de l'activité et de la passivité*. En fait, dans la phrase de Merleau-Ponty qui nous intéresse ici, comme dans le ruban de Moebius que j'évoquais au quatrième chapitre, il y a un sens

---

1. « La ressemblance subsiste, mais elle est produite comme l'effet extérieur du simulacre, pour autant qu'il se construit sur les séries divergentes et les fait résonner » (G. Deleuze, *Logique du sens, op. cit,* p. 303).

2. *Cf.* M. Merleau-Ponty, *Le visible et l'invisible,* p. 199 (d'où la citation précédente est tirée), ainsi que G. Deleuze, *Le pli. Leibniz et le Baroque, op. cit.,* p. 12.

3. P. Claudel, « Traité de la Co-naissance au monde et de soi-même », dans *Art poétique* (1907), Paris, Gallimard, 1984. Sur ce point, *cf.* notamment E. de Saint Aubert, « La ″co-naissance″. Merleau-Ponty et Claudel », dans M. Cariou, R. Barbaras et E. Bimbenet (éd.), *Merleau-Ponty aux frontières de l'invisible,* Cahier de « Chiasmi international », n. 1, Milano, Mimesis, 2003, p. 249-277.

actif dont résulte implicitement un sens passif qui est pourtant *le même*. Ainsi, les deux sens disent ensemble un sens réflexif où l'activité et la passivité apparaissent indistinctes, et par là se perd donc la distinction entre un sujet censé agir et un objet censé subir l'action. Merleau-Ponty écrit en effet : « quand nous inventons une mélodie » (ici le « nous » est sujet et la forme du verbe active), « la mélodie se chante en nous » (alors que là nous perdons la position de sujet et la forme du verbe devient simultanément réflexive). Dans une note de travail du *Visible et l'invisible*, Merleau-Ponty souligne justement ce point en parlant précisément de *creux* pour caractériser ce que je viens de décrire. Il écrit que penser n'est pas

> une *activité* de l'âme, ni une production de pensées au pluriel, et je ne suis pas même l'auteur de ce creux qui se fait en moi par le passage du présent à la rétention, ce n'est pas moi qui me fais penser pas plus que ce n'est moi qui fais battre mon cœur [1].

Donc, bien que je ne sois pas l'auteur de mes pensées, de ce creux qui se forme en moi, quelque chose *se* crée en ce creux – ou mieux, *avec* lui : une mélodie, par exemple. C'est comme dire qu'un processus de création se déclenche en moi sans que j'en sois l'auteur. Ou encore qu'« accueillir » – qui est traditionnellement censé signifier une attitude passive – et « créer » – qui est traditionnellement censé signifier une attitude active – *ne font qu'un*. Et cela veut dire aussi que l'idée ne préexiste pas à son avènement, ce qui constitue un autre élément antiplatonicien décisif.

Je voudrais souligner comment ce que j'ai cherché à décrire montre qu'*une idée advient* donc *dans notre rencontre avec le*

---

1. M. Merleau-Ponty, *Le visible et l'invisible*, p. 275.

*monde* et à l'intérieur d'un horizon plus vaste de rapports que nous appelons l'Être : en ce sens, l'avènement d'une idée se manifeste comme un *événement ontologique* plutôt que comme notre « événement mental » privé. Mais il faut en outre souligner comment le processus que j'ai cherché à décrire jusqu'ici – le processus à travers lequel un creux s'ouvre et grâce auquel quelque chose se crée par le creux qui s'ouvre – ne vaut pas seulement pour l'avènement des idées, mais aussi pour celui des valeurs : ces valeurs, qui sous-tendent nos actes, me semblent se former elles aussi en vertu de la passivité créatrice dont je parle [1].

Qu'il s'agisse d'idées ou de valeurs, nous avons vu comment elles se créent dans notre devenir-creux : nous n'en sommes pas les auteurs, parce que ce n'est pas nous qui les façonnons, mais plutôt *notre rencontre avec le monde*, laquelle les amène à l'expression dans une pensée qui, écrit Merleau-Ponty dans l'une des dernières notes de cours sur la nature, opère « sans penser » [2], c'est-à-dire dans une pensée encore *aveugle*, ou, pour le dire avec Proust, dans une pensée dont les idées sont « voilées de ténèbres ». D'un côté, donc, au moment où nous nous ouvrons en tant que creux, une indistinction entre notre être actif et passif apparaît ; de l'autre, au sein de cette indistinction, ce qui vient à l'expression n'est pas ce que nous façonnons nous-mêmes, mais l'être même de notre rencontre avec le monde : c'est cet être qui *se reflète*, ou, pour le dire

---

1. C'est en ce sens, me semble-t-il, que l'on peut interpréter ce commentaire de Merleau-Ponty à propos d'une page de Claude Simon : « La décision n'est pas *ex nihilo*, n'est pas de maintenant, toujours anticipée, parce que nous sommes tout, tout a des complicités en nous. On ne décide pas de faire mais de laisser se faire » (M. Merleau-Ponty, *Notes des cours au Collège de France 1958-1959 et 1960-1961*, p. 214.)
2. M. Merleau-Ponty, *La Nature. Notes. Cours du Collège de France*, p. 351.

autrement, qui *se pense en nous*. C'est pourquoi je disais que les idées qui viennent ainsi à la lumière ne sont pas de simples « événements mentaux », mais bien des événements ontologiques.

Peut-être sommes-nous ainsi parvenus à rendre un peu plus clairs quelques aspects de la mutation des rapports entre l'homme et l'Être que Merleau-Ponty voyait à l'œuvre à notre époque. Évidemment cette mutation ne consiste pas à *inaugurer* la production des dynamiques que j'ai cherché à mettre en évidence, comme si maintenant les idées naissaient ainsi, alors qu'elles naissaient autrement auparavant. La mutation réside bien plutôt dans le fait que notre époque *serait en train de porter à l'expression* ces expériences selon des modalités nouvelles, en produisant ainsi ce que Deleuze a défini à son tour comme de « profonds éléments pour une nouvelle image de la pensée » [1]. Il le confirme un peu plus bas : « Oui, une nouvelle image de l'acte de penser, de son fonctionnement, de sa genèse dans la pensée elle-même, c'est bien ce que nous cherchons » [2].

Ainsi notre époque aurait porté (ou peut-être, me référant à l'étymologie latine du terme « concept » que j'évoquais au troisième chapitre, je pourrais dire « reporté ») à l'expression notre être-creux qui n'est ni un vide ni un plein, alors que la tradition philosophique a toujours fait prévaloir une conception du sujet selon l'un ou l'autre des ces modèles : le

---

1. G. Deleuze, « Sur Nietzsche et l'image de la pensée » (1968), propos recueillis par J.-N. Vuarnet, désormais dans *L'île déserte. Textes et entretiens 1953-1974*, éd. D. Lapoujade, Paris, Minuit, 2002, p. 193. « L'image de la pensée » est le titre de la « Conclusion » de la première édition de *Marcel Proust et les signes* (1964), « Quadrige », Paris, P.U.F., 1998, ainsi que d'un chapitre de *Différence et répétition* (1968), « Épiméthée », Paris, P.U.F., 2009, p. 169 *sq.*
2. G. Deleuze, *L'île déserte. Textes et entretiens 1953-1974, op. cit.*, p. 193.

sujet est soit le plein qui donne sens au monde, soit le vide qui reçoit le sens du monde.

Porter à l'expression la mutation des rapports entre l'homme et l'Être veut donc dire décrire notre être, non pas comme « sujet », qui, comme je l'expliquais précédemment, fait face à un « objet-monde », mais plutôt comme creux qui est « caisse de résonance », au sens où nous avons vu Merleau-Ponty parler d'une mélodie qui *se* chante en nous, pourvu que nous sachions lui accorder, justement, la résonance qu'elle exige. Il s'agit en fait d'un creux où résonne notre rencontre avec la chair du monde, et où ce « résonner » n'est pas la simple reproduction d'un son produit ailleurs, mais − c'est ce que nous apprend la caisse de résonance − revêt une valeur créative particulière.

Dans la même perspective, peut-être n'avons-nous pas assez souligné jusqu'ici que la caractérisation de notre être en termes de « devenir-creux » et d'« invagination », est tout à fait complémentaire de la caractérisation de l'être de l'idée que Merleau-Ponty tire de ce que Proust écrit des « motifs musicaux ». L'Être, traditionnellement considéré comme ce qui perdure par-delà de la visibilité trompeuse du devenir, mais qui reste de toute façon accessible par un autre mode de *vision* − l'être de l'idée, justement −, montre ici son ineffaçable enracinement sensible grâce à cet art qui est canoniquement lié au temps et donc au devenir, un art qui s'offre à une modalité de rencontre − l'*écoute* − qui le soustrait au paradigme du face-à-face et de la représentation, un art qui consent donc à penser

aussi bien notre être que celui de l'idée en termes non sub-
stantiels, et même non identitaires : la musique, évidemment[1].
Concluons. J'ai cherché à décrire un rapport d'indivision
entre activité et passivité, un rapport qui ne fait qu'un avec *une
créativité que nous sommes sans en être les auteurs*. Pour définir un
tel rapport, les mots les plus appropriés me semblent être ceux
que Merleau-Ponty utilise pour décrire une des idées centrales
de la dernière période de sa pensée : l'idée de *chiasme*, confor-
mément à laquelle, remarque-t-il, « tout rapport à l'être est
*simultanément* prendre et être pris, la prise est prise, elle est
*inscrite* et inscrite au même être qu'elle prend »[2].
Cela devrait suffire pour comprendre le sens des tentatives de
pensée qui se sont poursuivies, selon Merleau-Ponty, à partir
de Hegel, et dans lesquelles il me paraît évident que nous
sommes encore impliqués. Il s'agit des tentatives cherchant à
formuler, comme je l'expliquais au début du présent chapitre,
la mutation présente des rapports entre l'homme et l'Être en
une pensée qui, pour parvenir à s'exprimer, doit à son tour
se transformer de philosophique en a-philosophique, tout au
moins selon l'acception et l'intention de ce terme chez
Merleau-Ponty.

---

1. Sur ce point, une nouvelle référence au roman de Proust peut servir d'exemple :
dans le premier volume de ce roman, Proust décrit trois exécutions de la sonate imaginaire de Vinteuil, pour chacune desquelles il relie des différentes sources historiques
d'inspiration. Il semble donc légitime de se demander où réside son identité. A ce
propos, je me permets de renvoyer à M. Carbone, *Composing Vinteuil : Proust's Unheard
Music*, trad. angl. de D. Jacobson, « Res », n. 48, automne 2005. Il y a une convergence
évidente entre les réflexions présentes et celles que J.-L. Nancy a développées dans
*À l'écoute*, Paris, Galilée, 2002.
2. M. Merleau-Ponty, *Le visible et l'invisible*, p. 319.

En effet, si nous ne sommes pas des sujets qui faisons face au monde, mais bien des creux se révélant des caisses de résonance de notre rencontre avec lui, il est clair que l'idée philosophique de « saisie » doit être remise en question. En ce sens, Merleau-Ponty écrit que la philosophie « n'est pas *au-dessus* de la vie, en surplomb »[1]. Elle n'est donc pas en position de *saisir* la vie pour en avoir une possession intellectuelle.

Pourtant, depuis Thalès, la philosophie s'est traditionnellement méfiée de la vie, elle l'a toujours tenue à distance, et c'est précisément par ce geste de mise à distance qu'elle a constitué son identité, en considérant la vie comme « non-philosophie ». Évidemment je me réfère ici à l'anecdote platonicienne concernant Thalès qui, regardant les étoiles, tombe dans le puits pendant que la servante de Thrace se moque de lui[2]. Se rapporter à la non-philosophie (et donc à la *vie* entendue comme l'un des noms que la philosophie elle-même a attribué à la non-philosophie) en la reconnaissant comme l'autre versant de la philosophie elle-même, plutôt que comme l'autre de la philosophie, c'est en cela que consiste l'idée de cette philosophie que Merleau-Ponty définit aussi comme « a-philosophie » et dont il reconnaît le *principe*, au double sens de moment initial et de notion fondamentale, dans la conception hégélienne de la phénoménologie. C'est pourquoi,

---

1. *Ibid.*
2. Pour une réflexion sur l'histoire de la réception de cette anecdote et sur son actualité, *cf.* H. Blumenberg, *Le rire de la servante de Thrace : une histoire des origines de la théorie* (1987), trad. fr. de L. Cassagnau, Paris, L'Arche, 2000. Pour d'autres réflexions sur ce point, voir également les pages de A. Cavarero, *In Spite of Plato* (1990), trad. angl. S. Anderlini-D'Onofrio, Polity, Cambridge 1995.

précisément à propos de l'« a-philosophie », Merleau-Ponty écrit :

> Principe posé par Hegel : c'est par une phénoménologie (apparition de l'esprit) (esprit dans le phénomène) qu'on accède à l'absolu. Non que l'esprit phénomène soit moyen, échelle [...], mais parce que l'absolu ne serait pas absolu s'il n'apparaissait ainsi [1].

Cela veut dire que l'apparaître est un aspect intégrant et décisif de l'être : alors qu'il ne représentait traditionnellement qu'un autre des noms attribués par la philosophie à la non-philosophie.

Voilà : philosophie et non-philosophie, tout comme sensible et intelligible, imaginaire et réel, activité et passivité, sujet et objet. Révoquer l'opposition par laquelle la métaphysique a institué tous ces dualismes, qui peuvent être résumés en celui du visible et de l'invisible, afin de nommer plutôt la *co-appartenance intime* de leur pôles, et transformer par conséquent l'attitude et le langage de manière à correspondre à la mutation présente des rapports entre l'homme et l'Être, cela demeure la tâche à accomplir. Il ne peut du reste en être autrement, puisque, au-delà des biographies singulières, il ne s'agit pas de la tâche d'un penseur, mais de celle de la pensée même.

---

1. M. Merleau-Ponty, *Notes des cours au Collège de France 1958-1959 et 1960-1961*, p. 275.

# index

# table des matières

Achevé d'imprimer en France par Dupli-Print
à Domont (95) en octobre 2014
N° d'impression : 2014100919